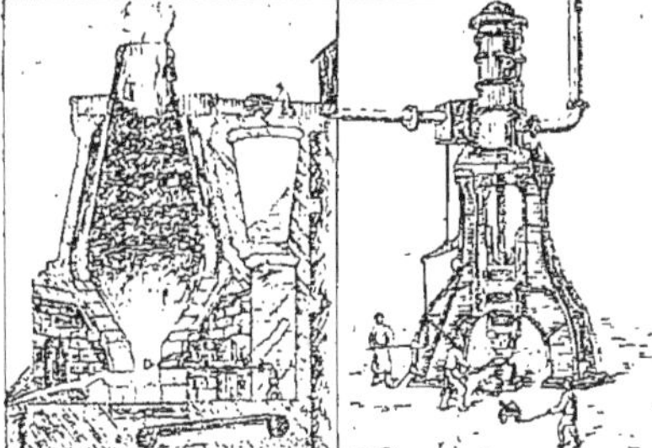

G. BOISSEAU

PREMIER VOLUME

Cours Élémentaire

Le Vocabulaire de l'Enfance

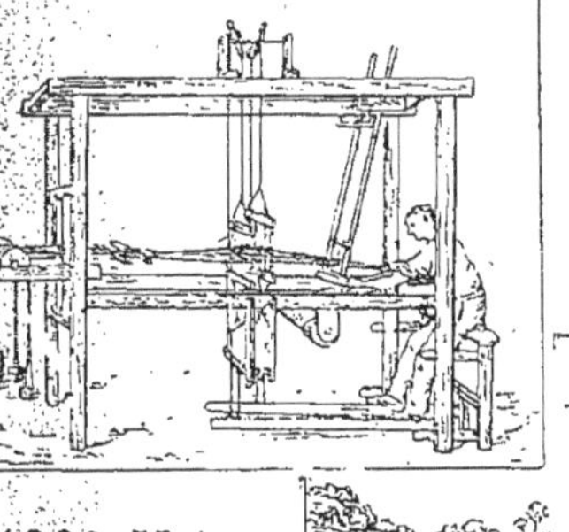

Paris. Librairie Delalain Frères

1200 Mots

500 Gravures

G. BOISSEAU

LE VOCABULAIRE DE L'ENFANCE

PREMIER VOLUME

COURS ÉLÉMENTAIRE

G. BOISSEAU
INSTITUTEUR PRIMAIRE

Le Vocabulaire de l'Enfance

ÉTUDE RAISONNÉE ET INTUITIVE DES MOTS USUELS DE LA LANGUE FRANÇAISE

Préparation directe à la Composition Française

PREMIER VOLUME

Plus de 2000 mots et 460 gravures et figures d'ensemble

6e ÉDITION

Orthographe.

Signification.

Élocution.

Invention.

PARIS

IMPRIMERIE ET LIBRAIRIE CLASSIQUES

DELALAIN FRÈRES

115, BOULEVARD SAINT-GERMAIN, 115

PRÉFACE

BUT DE CE LIVRE

En dédiant ce petit ouvrage aux jeunes élèves de nos classes primaires, nous avons un triple but :

1° **Orner leur esprit d'un nombre assez considérable de mots,** pour leur permettre d'exprimer plus facilement leur pensée ;

2° **Leur enseigner, par la vue, l'orthographe** de ces mots, tout en les accoutumant à les employer dans des **phrases simples et correctes;**

3° Les habituer à **examiner les choses à fond,** et à s'exprimer oralement d'une manière convenable.

Nous espérons aplanir ainsi les premières difficultés de la composition française.

CE QU'IL CONTIENT

Pour atteindre ce but, nous avons rangé par **catégories** les **mots les plus usités** de la Langue française, en en facilitant ainsi l'étude au point de vue de leur orthographe, de leur définition et de leur emploi dans la phrase.

A ce **classement méthodique,** nous avons joint de **nombreuses gravures et figures d'ensemble,** pour montrer la forme et les diverses parties des objets, que l'enfant ne connaît souvent que fort superficiellement.

Ces vignettes, qui seront pour lui de véritables **exercices d'observation et de langage,** contribueront à développer son **jugement et son raisonnement,** et à étendre en lui ces **connaissances usuelles,** si indispensables pour la vie pratique. Enfin, nous terminons par les débuts de la rédaction sur images, habituant les enfants à construire eux-mêmes leurs phrases, à placer convenablement les divers compléments et à grouper ces diverses phrases pour former un récit. Un certain nombre de sujets de rédactions, choisis avec soin, sont également ajoutés pour servir d'applications aux nombreuses causeries contenues dans l'ouvrage.

Nous pensons que ce livre, qui a coûté beaucoup de travail et de recherches, allégera dans une certaine mesure la tâche des maîtres et saura être utile à nos jeunes élèves.

G. BOISSEAU,
Instituteur primaire.

MODE D'EMPLOI

Les *Exercices de Vocabulaire* proprement dits devront d'abord être faits oralement, avec inscription au tableau noir des phrases les plus correctes exprimées par les élèves; ce n'est qu'après avoir effacé ces phrases que le maître fera commencer le devoir écrit.

Les *Exercices de Langage* seront purement oraux, le devoir écrit n'en formant que le simple résumé. Ces devoirs seront faits une première fois après l'exercice de langage, au moyen du livre, en complétant les phrases à l'aide des mots convenables; puis le *même sujet* sera traité une seconde fois *sans aucun secours*, d'après un *simple plan*, que le maître indiquera au tableau noir.

Le maître devra s'efforcer d'exciter l'observation de ses élèves par des questions bien choisies, et qu'il est utile de laisser à sa sage initiative.

- La Partie du Maître renferme, outre le corrigé des devoirs, d'autres exercices complémentaires, que l'instituteur pourra donner à ses élèves, et dont ceux-ci tireront le plus grand profit.

Voir à la fin de l'ouvrage, page 88, des conseils sur l'emploi complémentaire que l'on peut faire de certaines leçons.

TABLE DES MATIÈRES

EXERCICES DE VOCABULAIRE

EXERCICES DE LANGAGE SUR GRAVURES

LE VOCABULAIRE DE L'ENFANCE

PREMIER VOLUME

COURS ÉLÉMENTAIRE DES ÉCOLES PRIMAIRES
CLASSES PRÉPARATOIRES DES LYCÉES ET COLLÈGES

CHAPITRE Ier

QUALITÉS PHYSIQUES DES OBJETS
Couleurs

1ère Leçon.

Choisissez dans chaque colonne un mot convenable pour former une phrase.

Ciel. — Herbe. — Lait. — Sang. | Noir. — Rouge. — Bleu. —
Chapeau. | Vert.

Exemple : Le ciel est bleu.

2ème Leçon.

Exercice de langage et devoir écrit.

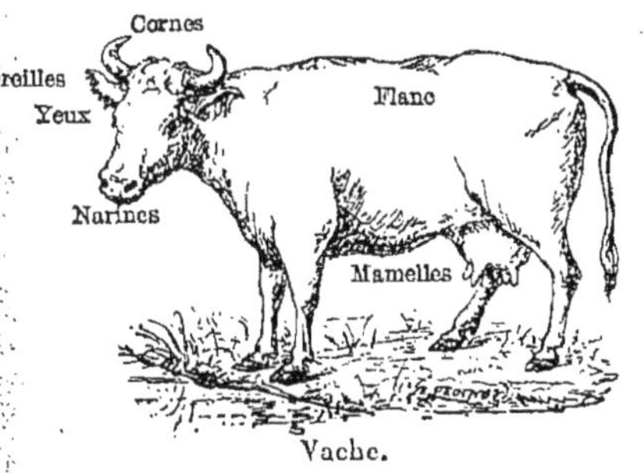

Vache.

LA VACHE.

Complétez les phrases ci-dessous au moyen des mots convenables, étudiés dans l'exercice de langage :

La vache a deux ...., deux ...., deux .... et quatre .... Elle nous donne le .... avec lequel on fait le .... et le ....

3ème Leçon.

Même devoir que la 1re leçon.

Encre. — Vin. — Neige. — | Rouge. — Jaune. — Gris. —
Fleur. — Or. — Cendre. | Blanc. — Noir. — Bleu.

Exemple : L'encre est noire.

4ème Leçon.

Exercice de langage et devoir écrit.

LE VIN.

Complétez les phrases avec les mots convenables :

Le vin est fait avec le jus du
.... Le raisin est le fruit de la
.... Il y a du vin .... et du vin
....

5ème Leçon.

Même devoir que la 1re leçon.

(Plusieurs objets de la 1re colonne pourront avoir la même couleur.)

Charbon. — Feu. — Argent. — | Rouge. — Vert. — Blanc. —
Papier. — Pomme. | Noir.

Exemple : Le charbon est noir.

6ᵉᵐᵉ Leçon.

Exercice de langage et devoir écrit.

LE PAPIER.

Le papier est fait avec les ‿‿‿ réduits en ‿‿‿. C'est avec le ‿‿‿ que sont faits vos ‿‿‿ et vos ‿‿‿.

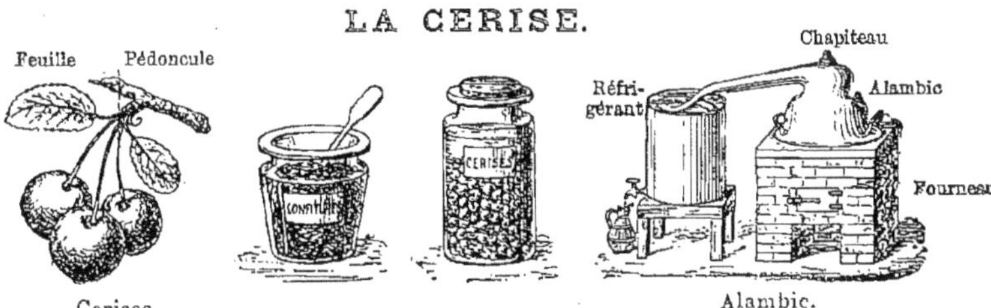

Livre.

7ᵉᵐᵉ Leçon.

Même devoir que la 1ʳᵉ leçon.

(Plusieurs objets de la 1ʳᵉ colonne pourront avoir la même couleur.)

| Cerise. — Crayon. — Porcelaine. | Blanc. — Rouge. — Noir. — |
| Feuille. — Tomate. | Vert. |

Exemple : La cerise est rouge.

8ᵉᵐᵉ Leçon.

Exercice de langage et devoir écrit.

LA CERISE.

Feuille   Pédoncule

Cerises.

Chapiteau

Réfrigérant

Alambic

Fourneau

Alambic.

La cerise est le fruit du ‿‿‿. Avec ce fruit on peut faire des ‿‿‿; on peut aussi conserver les ‿‿‿ dans ‿‿‿. En les faisant fermenter et en les distillant ensuite dans un ‿‿‿, on obtient du ‿‿‿.

9ᵉᵐᵉ Leçon.

Choisissez vous-mêmes une couleur pouvant convenir aux animaux suivants et formez des phrases :

Le cheval. — Le chat. — Le chien. — La vache. — La chèvre.

Exemple : Le cheval peut être blanc.

10ᵉᵐᵉ Leçon.

Exercice de langage et devoir écrit.

Chiens.

LE CHIEN.

Le chien est un animal ﹏﹏﹏ fidèle à l'﹏﹏﹏. On se sert du chien pour garder nos ﹏﹏﹏ et nos ﹏﹏﹏ et pour aller à la ﹏﹏﹏.

11ᵉᵐᵉ Leçon.

Même devoir que la 9ᵉ leçon.

Le mouton. — L'âne. — Le lapin. — Le renard. — Le lièvre.

Exemple : Le mouton est ordinairement blanc.

12ème Leçon.

Exercice de langage et devoir écrit.

Le mouton.

LE MOUTON.

Le mouton est un animal ⁓⁓⁓. Il nous donne sa ⁓⁓⁓ que nous mangeons; sa ⁓⁓⁓ avec laquelle on fait des gants; enfin sa ⁓⁓⁓ qui sert à faire nos vêtements.

13ème Leçon.

Choisissez vous-mêmes une couleur pouvant convenir aux oiseaux suivants et formez une phrase :

Le cygne. — La poule. — Le dindon. — L'oie. — Le canard.

Exemple : Le cygne est ordinairement blanc.

14ème Leçon.

Exercice de langage et devoir écrit.

LA POULE.

La poule est un ⁓⁓⁓ de basse-cour. Elle pond de bons ⁓⁓⁓ et nous donne aussi sa ⁓⁓⁓ et sa ⁓⁓⁓. Sa demeure s'appelle le ⁓⁓⁓ et ses petits des ⁓⁓⁓.

Poule.   Poussins.   Coq.

·15ème Leçon.

Même devoir que la 13e leçon.

Le corbeau. — La perdrix. — Le merle. — Le pinson. — Le serin.
— Le chardonneret.

Exemple : Le corbeau est noir.

16ème Leçon.

Exercice de langage et devoir écrit.

LE PINSON.

Le pinson est un petit ⌇⌇⌇⌇ qui fait son ⌇⌇⌇⌇ sur les ⌇⌇⌇⌇ les plus faibles des arbres.

Il se nourrit principalement d'⌇⌇⌇⌇. Il ne faut pas le ⌇⌇⌇⌇.

Pinson.

17ème Leçon.

Choisissez vous-mêmes une couleur convenant à chacune des fleurs suivantes et formez des phrases :

Le bluet. — La tulipe. — Le coquelicot. — La pivoine. — La primevère. — Le bouton d'or. — La guimauve. — Le lis.

Exemple : Le bluet est bleu.

18ᵉᵐᵉ Leçon.

Exercice de langage et devoir écrit.

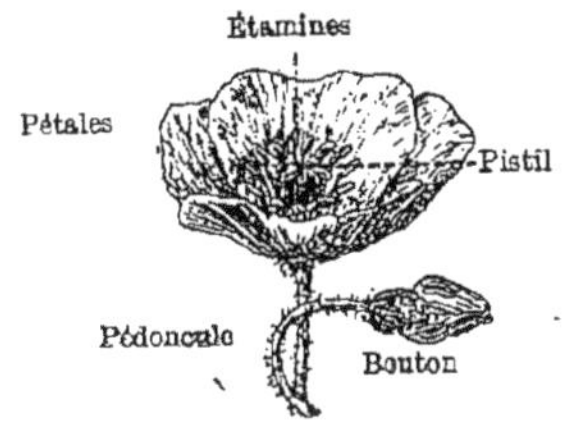

Le coquelicot.

LE COQUELICOT.

Le coquelicot est remarquable par sa belle couleur ⁓⁓. On l'aperçoit souvent en abondance dans les ⁓⁓; c'est une plante ⁓⁓. Elle trouve cependant son emploi en ⁓⁓.

19ᵉᵐᵉ Leçon.

Choisissez deux couleurs pouvant convenir à chacune des fleurs suivantes et formez des phrases :

L'œillet. — La rose. — La violette. — Le lilas. — Les capucines. — La marguerite. — La giroflée.

Exemple : Il y a des œillets rouges et des œillets blancs.

20ᵉᵐᵉ Leçon.

Exercice de langage et devoir écrit.

LA VIOLETTE.

La violette est une petite fleur ⁓⁓ que l'on trouve dans les endroits exposés au ⁓⁓, le long des ⁓⁓, sur le talus des ⁓⁓. Avec cette fleur, on fait une ⁓⁓ adoucissante.

Violette.

21ᵉᵐᵉ Leçon.

Exercice de récapitulation.

Choisissez 5 animaux ou choses pour chacune des couleurs suivantes et formez des phrases :

Rouge. — Blanc. — Noir. — Vert. — Jaune.

Exemple : La cerise, le coquelicot, la pivoine, le vin et le sang sont rouges.

CHAPITRE II

QUALITÉS PHYSIQUES DES OBJETS (suite)

Forme. — Consistance. — Saveur

22ᵉᵐᵉ Leçon.

Choisissez dans chaque colonne un mot convenable pour former une phrase :

Route. — Bille. — Oiseau. — | Rond. — Long. — Large. —
Table. — Arbre. — Bâton. | Petit. — Haut. — Carré.

Exemple : La route est large.

23ᵉᵐᵉ Leçon.

Exercice de langage et devoir écrit.

LES OISEAUX.

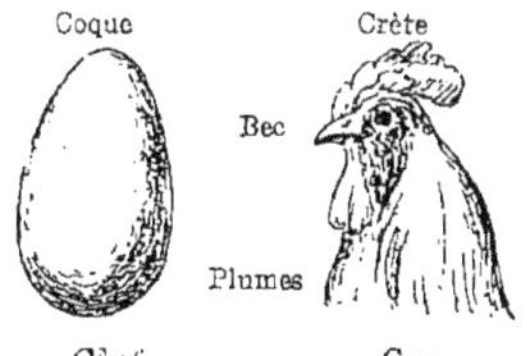

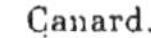

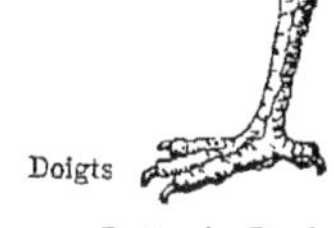
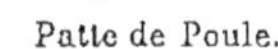

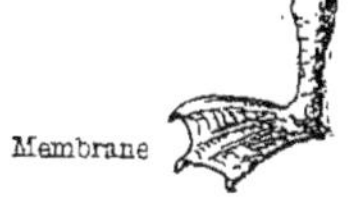

Les oiseaux sont des animaux qui ont deux ﹏﹏, un ﹏﹏ et **des** ﹏﹏. Les oiseaux sont ﹏﹏ et les personnes qui les détruisent **sont** ﹏﹏ par la loi. Les principaux oiseaux de basse-cour sont : la ﹏﹏, le ﹏﹏, le ﹏﹏ et le ﹏﹏. Ils pondent des ﹏﹏ que nous **mangeons,** et nous donnent aussi leur ﹏﹏ et leur ﹏﹏.

24ᵉᵐᵉ Leçon.

Même exercice que la 22ᵉ leçon.

L'aiguille. — L'assiette. — Le bec. — Le fardeau. — Le vase. — La ligne.	Grand. — Pointu. — Lourd. — Plat. — Crochu. — Courbe.

Exemple : L'aiguille est pointue.

25ème Leçon.

Exercice de langage et devoir écrit.

LE BEC DES OISEAUX.

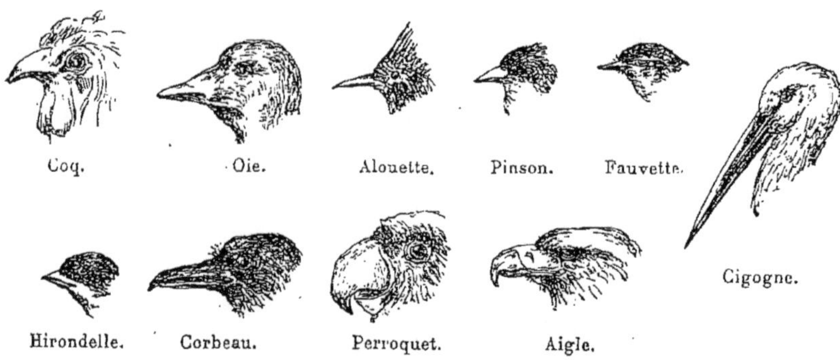

Le bec des ⌇⌇⌇⌇ varie de forme suivant leur genre de ⌇⌇⌇⌇.

Ainsi le coq et le corbeau ont un ⌇⌇⌇⌇ bec ; le perroquet et l'aigle ont un bec ⌇⌇⌇⌇ ; les oies et les canards ont un bec ⌇⌇⌇⌇ ; la cigogne a un ⌇⌇⌇⌇ bec. Le pinson a un bec ⌇⌇⌇⌇ et ⌇⌇⌇⌇ ; l'hirondelle a un bec ⌇⌇⌇⌇ et ⌇⌇⌇⌇ ; la fauvette et l'alouette ont un bec ⌇⌇⌇⌇ et ⌇⌇⌇⌇.

26ème Leçon.

Même exercice que la 22ᵉ leçon.

Le verre. — La baguette. — La feuille. — Le tuyau. — La soupe. — Le hareng.	Léger. — Creux. — Transparent. — Flexible. — Chaud. — Salé.

Exemple : Le verre est transparent.

27ᵉᵐᵉ Leçon.

Exercice de langage et devoir écrit.

LES POISSONS.

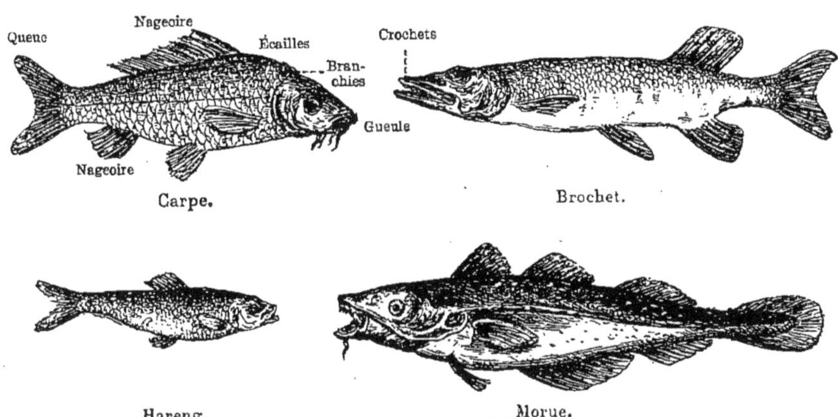

Les poissons sont des animaux ⌇⌇⌇⌇ ayant des ⌇⌇⌇⌇ et des ⌇⌇⌇⌇.
La ⌇⌇⌇⌇ et le ⌇⌇⌇⌇ vivent dans les rivières; le ⌇⌇⌇⌇ et là ⌇⌇⌇⌇ sont
des poissons de ⌇⌇⌇⌇. On prend les poissons à la ⌇⌇⌇⌇ ou au ⌇⌇⌇⌇.
Celui qui s'occupe de pêcher est un ⌇⌇⌇⌇.

28ᵉᵐᵉ Leçon.

Même exercice que la 22ᵉ leçon.

La cerise. — L'huile. — L'étoffe. | Gras. — Sec. — Doux. — Lui-
— Le manteau. — La terre. — | sant. — Court. — Rond.
Le linge.

Exemple : La cerise est douce.

29ᵉᵐᵉ Leçon.

Exercice de langage et devoir écrit.

L'HUILE.

Coque

Noix.

Olive.

L'huile est un liquide ﹏﹏ que l'on extrait d'une infinité de ﹏﹏, appelées graines ﹏﹏. Avec la ﹏﹏ et l'﹏﹏ on fait des ﹏﹏ à manger. On retire du ﹏﹏ et du ﹏﹏ des huiles à ﹏﹏.

30ᵉᵐᵉ Leçon.

Choisissez vous-mêmes une qualité physique pouvant convenir à chacune des choses suivantes et formez une phrase.

Le chapeau. — La boîte. — Le gâteau. — La corde. — Le panier. — L'orange.

Exemple : Le chapeau est rond.

31ᵉᵐᵉ Leçon.

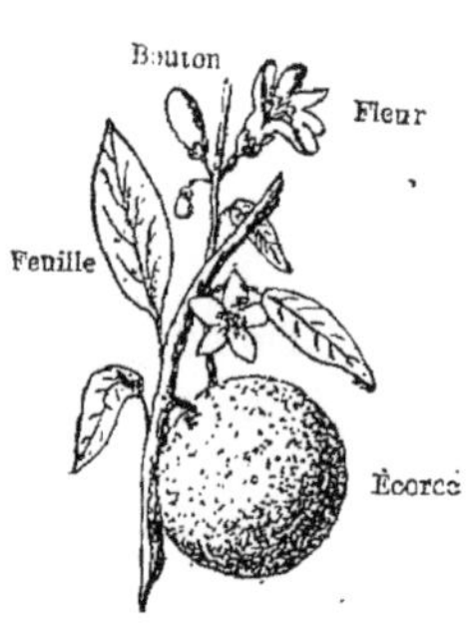

Bouton

Fleur

Feuille

Écorce

Orange.

Exercice de langage et devoir écrit.

L'ORANGE.

L'orange est le fruit de l'﹏﹏. On récolte l'orange dans tout le ﹏﹏ de l'Europe.

Les ﹏﹏ de l'oranger sont employées en infusion; avec les ﹏﹏ on fait l'eau de fleurs d'oranger, et avec l'écorce de l'﹏﹏ on fait le curaçao.

32ᵉᵐᵉ Leçon.

Même exercice que la 30ᵉ leçon.

La glace. — L'eau. — Le fer. — La pierre. — Le sirop. — Le peuplier. — La bourse. — La règle.

Exemple : *La glace est froide.*

33ᵉᵐᵉ Leçon.

Exercice de langage et devoir écrit.

LE FER.

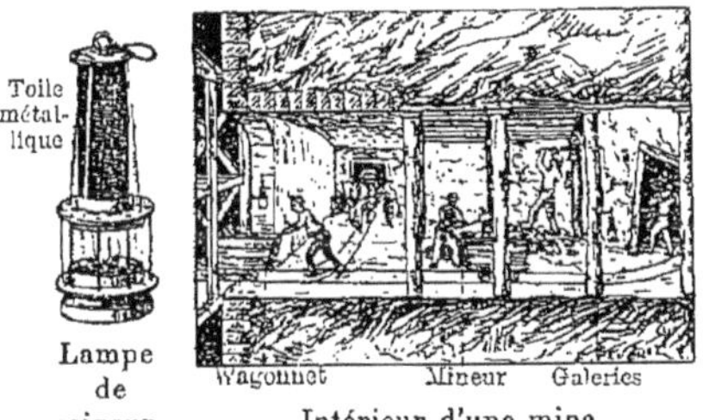

Intérieur d'une mine.

Le fer est le plus .... des .... Il sert à faire une foule d'........ et d'........ indispensables. On le trouve à l'état de .... dans l'intérieur de la .... Pour l'extraire on creuse des .... profondes où travaillent les ....

34ᵉᵐᵉ Leçon.

Même exercice que la 30ᵉ leçon.

Le mouchoir. — Le beurre. — La mer. — Le pain. — Le parquet. La bière. — La tour.

Exemple : *Le mouchoir est propre.*

35ème Leçon.

Exercice de langage et devoir écrit.

LA MER

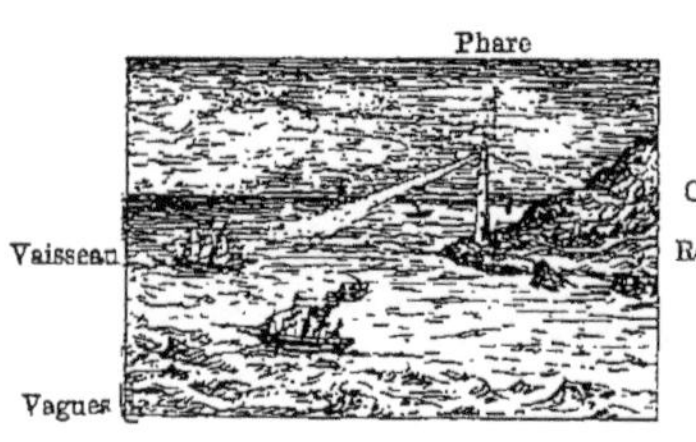

La mer occupe un .... espace; son eau est ....

Des .... la parcourent dans tous les sens, balancés par les .... et protégés contre les .... par la lumière des ....

CHAPITRE III

QUALITÉS MORALES DES ÊTRES

Indépendamment des qualités physiques, les êtres possèdent d'autres qualités échappant à l'observation de nos sens; ce sont les *qualités morales.*

36ème Leçon.

Choisissez dans chaque colonne un mot convenable pour former une phrase :

Le chien. — Le renard. — L'âne. — L'enfant. — L'écolier. — La fille.

Rusé. — Fidèle. — Obéissant. — Soigneux. — Timide. — Têtu.

Exemple : Le chien est fidèle.

37ème Leçon.

Exercice de langage et devoir écrit.

LE RENARD.

Le renard est un animal ﹏﹏ qui se distingue par un museau ﹏﹏ et une queue ﹏﹏ et ﹏﹏. Il est ﹏﹏ et très ﹏﹏. Il habite les ﹏﹏ où il se creuse un ﹏﹏. Le renard est l'ennemi de nos ﹏﹏.

38ème Leçon.

Même exercice que la 36ᵉ leçon.

Le loup. — Le soldat. — Le paon. — L'élève. — L'animal. — Le renard.	Méchant. — Poltron. — Orgueilleux. — Glouton. — Brave. — Attentif.

Exemple : Le loup est glouton.

39ème Leçon.

Exercice de langage et devoir écrit.

LE LOUP.

Le loup ressemble assez au ﹏﹏ de berger. Il est très ﹏﹏ et très ﹏﹏; il a la queue ﹏﹏ et les oreilles ﹏﹏. Le loup vit dans les ﹏﹏ d'où la ﹏﹏ le fait sortir. Il attaque nos ﹏﹏ et même quelquefois l'﹏﹏. Grâce à la force de ses ﹏﹏ il emporte sa ﹏﹏ au milieu des ﹏﹏ où il la dévore.

40ème Leçon.

Même exercice que la 36e leçon.

Le cheval. — La pie. — Le tigre. — Le meunier. — Le coq.	Féroce. — Docile. — Bavard. Vigilant. — Matinal.

Exemple : Le cheval est docile.

41ème Leçon.

Exercice de langage et devoir écrit.

LE TIGRE.

Le tigre est un animal très ‿‿‿ qui vit en ‿‿‿. Il est plus ‿‿‿ que le lion. Il attaque les ‿‿‿ ainsi que l'‿‿‿ même en plein ‿‿‿ au milieu des ‿‿‿. On lui fait une guerre ‿‿‿.

42ème Leçon.

Même exercice que la 36e leçon.

Le chat. — Le chameau. — La chèvre. — Le bœuf. — L'abeille. — Le castor.	Patient. — Sobre. — Capricieux. — Leste. — Industrieux. — Prévoyant.

Exemple : Le chat est leste.

43ᵉᵐᵉ Leçon.

Exercice de langage et devoir écrit.

L'ABEILLE.

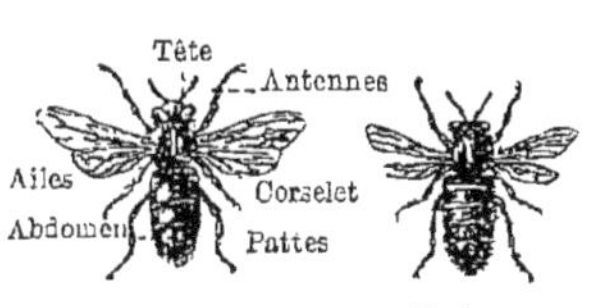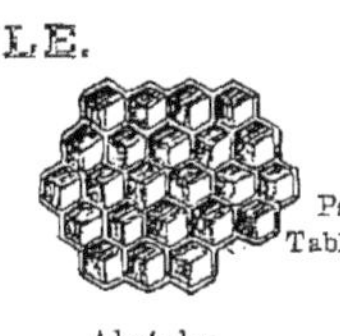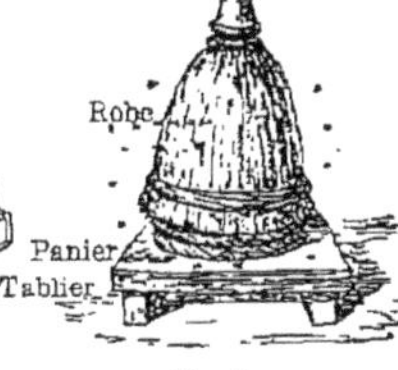

Mâle.　　Reine.　　Ouvrière.　　Alvéoles.　　Ruche.

L'abeille est un insecte ‿‿‿ et ‿‿‿, qui nous donne le ‿‿‿ et la ‿‿‿. La demeure de l'abeille se nomme ‿‿‿; c'est là qu'elle construit ses ‿‿‿ si réguliers qu'elle remplira de ‿‿‿. Une ruche peut contenir jusqu'à ‿‿‿ abeilles. Le corps de cet insecte est divisé en ‿‿‿ parties : la *tête*, le *corselet* et l'*abdomen*. L'abeille possède ‿‿‿ ailes et ‿‿‿ pattes.

44ᵉᵐᵉ Leçon.

Même exercice que la 36ᵉ leçon.

Le maître. — Le hanneton. — Le père. — La cigale. — La fourmi. — Le papillon.

Étourdi. — Insouciant. — Savant. — Indulgent. — Léger. — Laborieux.

Exemple : Le maître est savant.

45ᵉᵐᵉ Leçon.

Exercice de langage et devoir écrit.

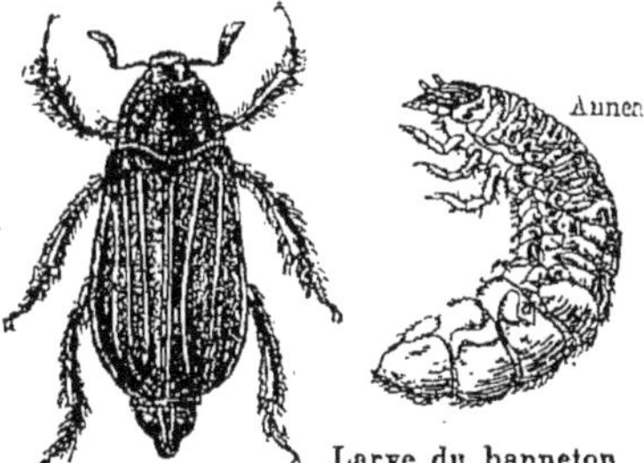

LE HANNETON.

Le hanneton est un ‿‿‿ très ‿‿‿.

A l'état de ‿‿‿, il coupe les ‿‿‿ des jeunes plantes. Devenu insecte parfait, il dévore les ‿‿‿ des arbres. Le hanneton est détruit par les ‿‿‿, les ‿‿‿ et les ‿‿‿

Hanneton.　　Larve du hanneton ou ver blanc.

B. *Vocab. de l'enf.* C. Él.

3

RÉCAPITULATION

Phrases à compléter.

<table>
<tr><td>

46ème Leçon.

On dit :

Têtu
comme un ....

Doux
comme un ....

Leste
comme un ....

Léger
comme un ....

Féroce
comme un ....

Bavard
comme une ....

Rusé
comme un ....

</td><td>

47ème Leçon.

On dit :

Laborieux
comme la ....

Patient
comme le ....

Industrieux
comme un ....

Matinal
comme le ....

Orgueilleux
comme un ....

Capricieux
comme la ....

Muet
comme un ....

Malin
comme un ....

</td></tr>
</table>

CHAPITRE IV

ACTIONS

Que fait le forgeron? Il forge.

Forger est une action.

Il forge quoi? le **fer**.

Fer est le complément direct.

Sur quoi? Avec quoi?

Sur l'**enclume** avec son **marteau**.

Enclume et marteau sont compléments indirects.

Phrase construite : *Le forgeron forge le fer sur l'enclume avec son marteau.*

48ᵉᵐᵉ Leçon.

Choisissez les actions qui peuvent convenir aux personnes désignées dans la 1ʳᵉ colonne et formez des phrases ayant un complément direct :

Le maître. — Le menuisier. — Le laboureur. — Le musicien. — L'élève. — La couturière. — Le dessinateur. — Le moissonneur.	Raboter. — Instruire. — Étudier. — Labourer. — Jouer. — Coudre. — Dessiner. — Moissonner.

Exemple : *Le maître instruit les élèves.*

REMARQUE. — Il sera bon dans cet exercice et les suivants de faire mettre les phrases d'abord au présent, ensuite au passé et au futur.

49ᵉᵐᵉ Leçon.

Exercice de langage et devoir écrit.

LE PAIN.

Le laboureur.   Le moissonneur.   Le moulin.   Le boulanger.

Le cultivateur ﹏﹏ son champ pour ﹏﹏ le blé. Quand ce blé sera ﹏﹏ et ﹏﹏ le moissonneur le ﹏﹏. On portera ensuite le ﹏﹏ au ﹏﹏ où le ﹏﹏ le réduira en ﹏﹏. Le ﹏﹏ en fera du pain qui cuira au ﹏﹏. Enfants, ne ﹏﹏ pas le pain qui a coûté tant de ﹏﹏ et de ﹏﹏.

50ᵉᵐᵉ Leçon.

Même exercice que la 48ᵉ leçon.

Le serrurier. — Le ramoneur. — Le meunier. — Le pêcheur. — Le voleur. — Le couvreur. — Le charron.	Scier. — Limer. — Ramoner. — Voler. — Moudre. — Pêcher. — Couvrir.

Exemple : Le serrurier lime le fer.

51ᵉᵐᵉ Leçon.

Exercice de langage et devoir écrit.

LE TRAVAIL DU FER.

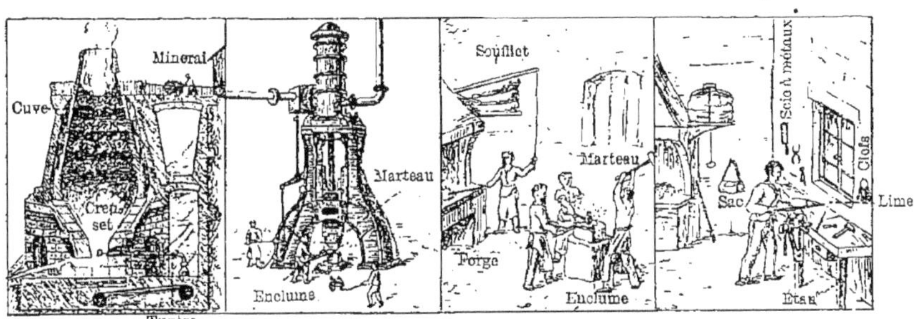

Haut fourneau.   Marteau-pilon.   Forgeron.   Serrurier.

Quand le ˏˏˏˏˏˏ de fer est extrait de la ˏˏˏˏˏˏ, on le met dans les ˏˏˏˏˏˏ où il est soumis à une très forte ˏˏˏˏˏˏ pour le faire ˏˏˏˏˏˏ. On obtient ainsi la ˏˏˏˏˏˏ avec laquelle sont faits nos ˏˏˏˏˏˏ et nos ˏˏˏˏˏˏ.

Les ouvriers qui travaillent le fer sont ˏˏˏˏˏˏ. Le ˏˏˏˏˏˏ avec son lourd ˏˏˏˏˏˏ forge les ˏˏˏˏˏˏ et les ˏˏˏˏˏˏ. Pour ˏˏˏˏˏˏ les grosses pièces des machines ou des ponts, on emploie le ˏˏˏˏˏˏ qui pèse jusqu'à ˏˏˏˏˏˏ.

Le ˏˏˏˏˏˏ lime le fer pour en faire des ˏˏˏˏˏˏ et des ˏˏˏˏˏˏ.

52ᵉᵐᵉ Leçon.

Même exercice que la 48ᵉ leçon.

Le chasseur. — Le teinturier. —Le peintre. —La blanchisseuse. — Le tanneur. — Le maçon.	Blanchir. — Teindre. — Tanner. — Peindre. — Maçonner. — Chasser.

Exemple : Le chasseur chasse le gibier.

53ᵉᵐᵉ Leçon.

Exercice de langage et devoir écrit.

LE TRAVAIL DU BOIS.

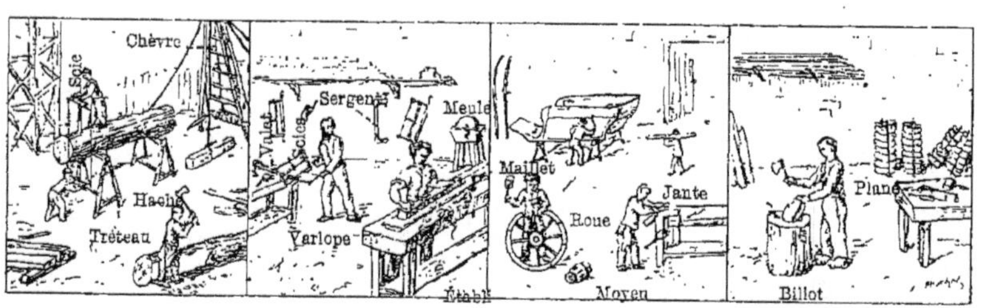

Charpentier.   Menuisier.   Charron.   Sabotier.

Les bûcherons coupent le ﹏﹏ dans les ﹏﹏. Ensuite le charpentier l'﹏﹏ et le ﹏﹏ pour en faire des ﹏﹏ ou des ﹏﹏. Le menuisier ﹏﹏ les ﹏﹏ pour faire des ﹏﹏ et des ﹏﹏. Le charron travaille le ﹏﹏ pour fabriquer des ﹏﹏. Le sabotier fait avec le ﹏﹏ des ﹏﹏ que nous mettons pendant l'﹏﹏.

54ᵉᵐᵉ Leçon.

Formez des phrases avec les mots suivants :

Labourer. — Semer. — Forger. — Dessiner. — Moissonner. — Moudre. — Pêcher. — Peindre. — Blanchir. — Chasser. — Laver. — Teindre. — Tanner.

Exemple : *Celui qui laboure la terre est un laboureur.*

55ᵉᵐᵉ Leçon.

Exercice de langage et devoir écrit.

LA CHASSE.

Chasse au lièvre. Chasse au cerf. Chasse au tigre. Chasse au lion. Chasse à l'ours.

La chasse est un exercice ‿‿‿ et ‿‿‿. Dans nos régions on chasse principalement le ‿‿‿, le ‿‿‿, la ‿‿‿; et le chasseur revient souvent à la ‿‿‿ avec son ‿‿‿ rempli de ‿‿‿.

D'autres ‿‿‿ sont plus ‿‿‿ et nécessitent aussi des chasseurs plus ‿‿‿ et plus ‿‿‿ : telles que la chasse au ‿‿‿, au ‿‿‿ et à l'‿‿‿.

56ᵉᵐᵉ Leçon.

Choisissez les actions qui peuvent convenir aux animaux désignés dans la 1ʳᵉ colonne et formez des phrases ayant un complément indirect.

Le poisson. — Le serpent. — Le rossignol. — L'oiseau. — Le lion. — Le lièvre. — Le cheval.	Siffler. — Chanter. — Trotter. — Voler. — Nager. — Bondir. — Courir.

Exemple : Le poisson nage dans l'eau.

57ème Leçon.

Exercice de langage et devoir écrit.

LES HARNAIS DU CHEVAL.

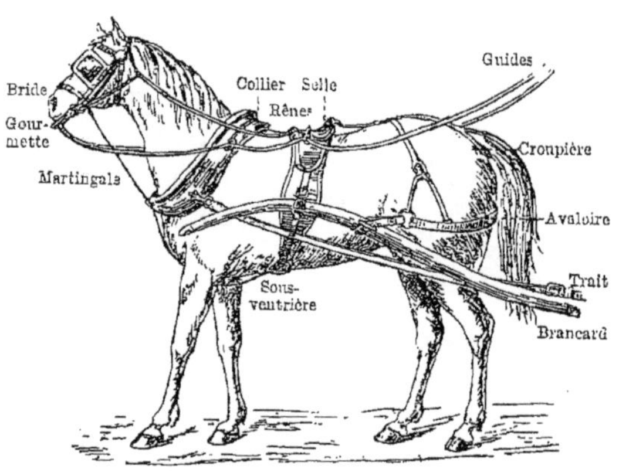

Le cheval.

On va ~~~~~ le cheval aux ~~~~~ de la voiture. On lui a mis sa ~~~~~ sur le dos, son ~~~~~ au cou, sa ~~~~~ et le ~~~~~ dans la bouche. On va accrocher les ~~~~~, mettre les ~~~~~ et partir. Comme notre cheval est un peu rétif, on n'a pas oublié de lui mettre la ~~~~~.

58ème Leçon.

Même exercice que la 56ᵉ leçon, appliqué aux choses.

La lampe. — Le vent. — L'eau. — Le couteau. — Le soleil. — La roue. — Le tonnerre. — La cloche. — L'obus.	Couler. — Éclairer. — Souffler. — Gronder. — Éclater. — Sonner. — Tourner. — Couper. — Briller.

Exemple : La lampe éclaire la maison pendant la veillée.

REMARQUE. — *Mettez ces phrases au présent, au futur et au conditionnel présent.*

59ᵉᵐᵉ Leçon.

Exercice de langage et devoir écrit.

L'ÉCLAIRAGE.

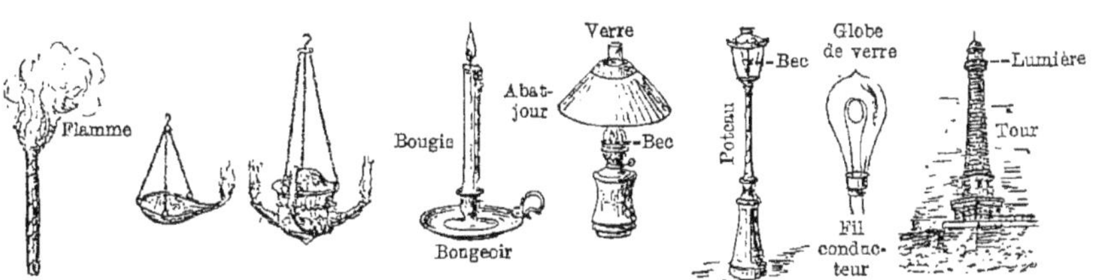

Torche. Anciennes lampes à huile. Bougie. Lampe à pétrole. Bec de gaz. Lampe Électrique. Phare.

Source jaillissante de pétrole. Usine à gaz. Moulage des bougies.

Pendant la nuit, on s'‿‿‿ au moyen de ‿‿‿ ou de ‿‿‿ dans les maisons. Dans les rues des ‿‿‿ il y a aujourd'hui des ‿‿‿ et même des ‿‿‿.

Autrefois, on ne s'éclairait qu'avec des ‿‿‿ ou des lampes à ‿‿‿ souvent défectueuses.

Les bougies sont faites avec le ‿‿‿; dans les lampes on met du ‿‿‿ que l'on trouve ‿‿‿. Le gaz d'éclairage est extrait de la ‿‿‿.

60ème Leçon.

Même exercice que la 56e leçon.

La pluie. — Le clairon. — Le canon. — L'écho. — Le fouet. — La vague. — L'étincelle. — La toupie. — Le tambour.	Gronder. — Tomber. — Sonner. — Résonner. — Jaillir. — Ronfler. — Claquer. — Répéter. — Clapoter.

Exemple : La pluie tombe pendant l'orage.

CHAPITRE V

CRIS DES ANIMAUX. — BRUITS DIVERS.

61ème Leçon.

Choisissez le cri qui convient à chacun des animaux désignés dans la 1re colonne et formez des phrases ayant un complément indirect :

Le chat. — Le chien. — L'âne. Le cheval. — La vache. — Le porc. — La brebis.	Aboyer. — Miauler. — Bêler. — Hennir. — Braire. — Grogner. — Beugler.

Exemple : Le chat miaule quand il a faim.

61ᵉᵐᵉ Leçon (*bis*).

Phrases à compléter avec les mots suivants :

Aboiement. — Miaulement. — Bêlement. — Hennissement. — Braiment. — Grognement. — Beuglement.

Dans une ferme on peut entendre :
Les ﹏﹏ des **chiens**; le ﹏﹏ des **chevaux**; le ﹏﹏ des **ânes**; les ﹏﹏ des **vaches** et des **bœufs**; les ﹏﹏ des **porcs**; le ﹏﹏ des **brebis** et de leurs **agneaux**, et les ﹏﹏ du **chat**.

62ᵉᵐᵉ Leçon.

Exercice de langage et devoir écrit.

LE VIN.

Panier   Les vendanges.   Cuves et tonneaux.

Le vin se fait avec le ﹏﹏ du ﹏﹏. Les ﹏﹏ coupent les ﹏﹏ à l'automne, cela s'appelle ﹏﹏. On ﹏﹏ ces raisins et on les verse dans la ﹏﹏ où ils ﹏﹏. Quand la ﹏﹏ est terminée, on ﹏﹏ le vin et on le met dans les ﹏﹏. Il y a du vin ﹏﹏ et du vin ﹏﹏. Celui qui cultive la vigne est un ﹏﹏.

63ᵉᵐᵉ Leçon.

Même exercice que la 61ᵉ leçon.

Le poulet. — La pie. — La poule. — Le pigeon. — L'hirondelle. — Le rossignol. — Le corbeau. — La grenouille. — La mouche.

Chanter. — Caqueter. — Piauler. — Bavarder. — Roucouler. Coasser. — Gazouiller. — Croasser. — Bourdonner.

Exemple : *Le poulet piaule quand il appelle sa mère.*

63ᵉᵐᵉ Leçon (*bis*).

Phrases à compléter avec les mots suivants :

Chant. — Caquet. — Piaulement. — Bavardage. — Roucoulement. Coassement. — Gazouillement. — Croassement. — Bourdonnement.

Dans la campagne on peut entendre :
Le ⸺ de la **poule** et le ⸺ de ses **poulets**; le ⸺ des **pigeons**; le ⸺ de la **pie**; le ⸺ du **corbeau**; le ⸺ de la **grenouille**; le ⸺ des **hirondelles**; le ⸺ du **rossignol**; le ⸺ des **mouches**.

64ᵉᵐᵉ Leçon.

Exercice de langage et devoir écrit.

LA BIÈRE.

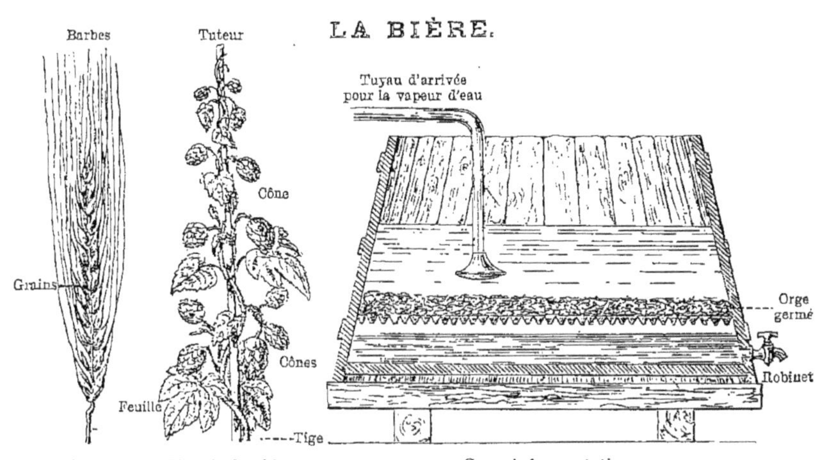

La bière est une ⁓⁓⁓ agréable et nourrissante. Elle est préparée avec de l' ⁓⁓⁓ germée et du ⁓⁓⁓. Après avoir brassé l' ⁓⁓⁓ dans de ⁓⁓⁓ et y avoir ajouté des ⁓⁓⁓ de ⁓⁓⁓, on laisse ⁓⁓⁓ le tout dans de grandes ⁓⁓⁓. Celui qui fabrique la ⁓⁓⁓ se nomme ⁓⁓⁓. On boit beaucoup de bière dans les pays du ⁓⁓⁓, où on ne récolte pas de ⁓⁓⁓.

65ᵉᵐᵉ Leçon.

BRUITS.

Complétez les phrases au moyen des mots suivants :

Grondement. — Claquement. — Répétition. — Clapotage. — Ronflement. — Sonnerie. — Éclats. — Sifflement. — Tintement.

On entend :

Le ⁓⁓⁓ du **fouet**; le ⁓⁓⁓ des **vagues**; les ⁓⁓⁓ du **clairon**; le ⁓⁓⁓ du **vent**; les ⁓⁓⁓ de la **cloche**; la ⁓⁓⁓ de l'**écho**; le ⁓⁓⁓ du **canon**; le ⁓⁓⁓ de la **toupie**; les ⁓⁓⁓ de l'**obus**.

66ᵉᵐᵉ Leçon.

Même exercice que la leçon précédente.

Cliquetis. — Explosion. — Détonation. — Bruissement. — Fracas.
— Glouglou. — Tic-tac. — Craquement.

On entend :

Le ﹏﹏ des **armes**; l'﹏﹏ de la **poudre**; la ﹏﹏ du **fusil**; le ﹏﹏
de la **vaisselle** qui tombe ; le ﹏﹏ des **charpentes**; le ﹏﹏ des
feuilles; le ﹏﹏ de l'**eau** que l'on verse ; le ﹏﹏ de la **montre**.

67ᵉᵐᵉ Leçon.

Exercice de langage et devoir écrit.

LE CIDRE.

Récolte des pommes.   Meule pour   Pressoir.
                           écraser les fruits.

On fait le ﹏﹏ avec les ﹏﹏ ou les ﹏﹏. On les ﹏﹏ sous une ﹏﹏
tournée par un ﹏﹏. Les fruits écrasés sont mis dans le ﹏﹏, et le
﹏﹏ coule dans une ﹏﹏. Le ﹏﹏ est une ﹏﹏ rafraîchissante que
l'on ﹏﹏ principalement en ﹏﹏ où on récolte beaucoup de ﹏﹏.

68ème Leçon.

RÉCAPITULATION

Complétez les phrases suivantes :

On dit :

Bavarder
comme une ..... 

Éclater
comme une ..... 

Briller 
comme l'.....

Gronder
comme le ..... 

Jaillir 
comme une .....

Bondir
comme un ..... 

Courir 
comme un .....

Nager
comme un ..... 

69ème Leçon.

Même exercice que la leçon précédente.

On dit :
Chanter comme un ...... **Rire** comme un ...... **Manger** comme
un ...... **Travailler** comme un ...... **Boire** comme un ...... **Dormir**
comme un ...... **Pleurer** comme une ......

70ème Leçon.

Exercice de langage et devoir écrit.

L'EAU.

La source.   Le torrent.   Le ruisseau.

Le lac.   L'inondation.   La Mer.   Pompe. Puits. Borne
fontaine.

L'eau est le ‿‿‿ le plus ‿‿‿ dans la nature.

La vapeur contenue dans l'‿‿‿ tombe en ‿‿‿; cette pluie s'infiltre dans le ‿‿‿ et forme les ‿‿‿ qui alimentent les ‿‿‿ et les ‿‿‿. Cette eau s'en va ensuite dans la ‿‿‿.

Les grandes pluies ou la ‿‿‿ des neiges dans les ‿‿‿ forment des ‿‿‿ . Les cours d'eau ‿‿‿ et produisent des ‿‿‿.

L'eau nous rend de grands services. C'est notre principale ‿‿‿, et c'est grâce à elle que les continents ‿‿‿ entre eux.

71ème Leçon.

Nommez 10 animaux domestiques que vous connaissez, en commençant par les **plus** importants :

Les **animaux domestiques** que je connais sont :

72ème Leçon.

Nommez 10 fleurs que vous connaissez, en commençant par les plus communes :

Les **fleurs** que je connais sont :

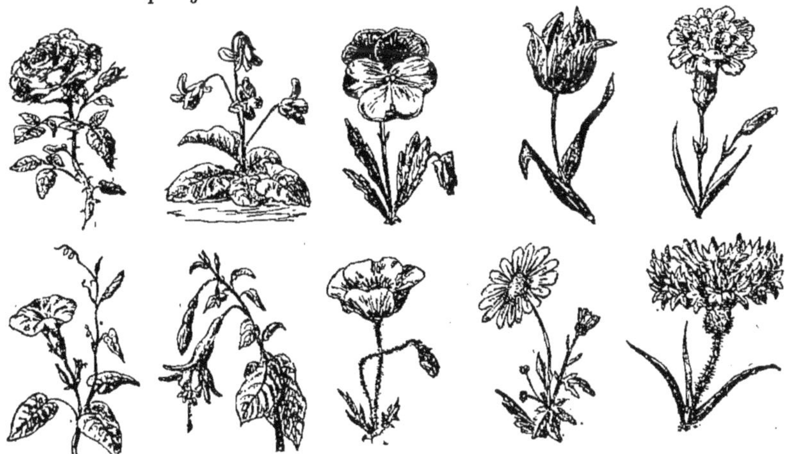

73ème Leçon.

Nommez 10 oiseaux que vous connaissez, en commençant par les plus utiles :

Les oiseaux que je connais sont :

CHAPITRE VI

ARBRES ET FRUITS.

74ème Leçon.

Formez deux phrases avec chacun des mots suivants :

Le pommier. — Le poirier. — Le prunier. — Le cerisier. — Le pêcher. — L'abricotier. — L'oranger. — Le citronnier.

Exemples :
{ *Le pommier produit des pommes.*
{ *La pomme est le fruit du pommier.*

75ᵉᵐᵉ Leçon.

Exercice de langage et devoir écrit.

LES ARBRES.

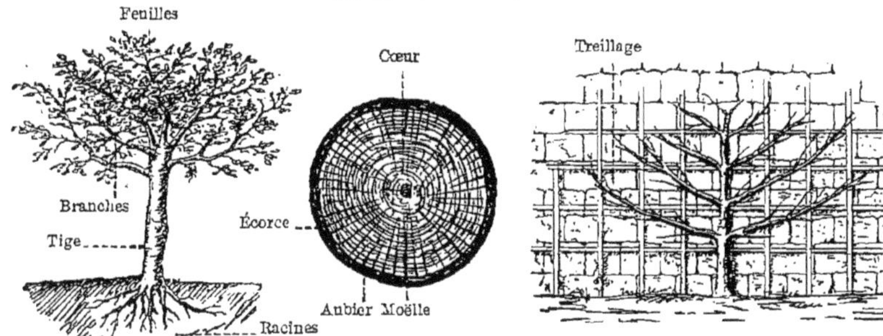

Arbre en plein vent.

Coupe horizontale
d'un tronc d'arbre.

Arbre en espalier.

Les arbres se composent de ˷˷˷ parties principales : les ˷˷˷, la ˷˷˷, les ˷˷˷ et les ˷˷˷. En coupant horizontalement un tronc d'arbre, on remarque la ˷˷˷ au centre, entourée du ˷˷˷ et de l'˷˷˷, le tout enveloppé par l'˷˷˷. On cultive les arbres en ˷˷˷ ou en ˷˷˷.

76ᵉᵐᵉ Leçon.

Même exercice que la 74ᵉ leçon.

L'amandier. — Le figuier. — L'olivier. — Le cognassier. — Le châtaignier. — Le noyer. — Le noisetier. — Le néflier.

Exemples : { *L'amandier produit des amandes.*
{ *L'amande est le fruit de l'amandier.*

77ème Leçon.

Exercice de langage et devoir écrit.

LES FRUITS.

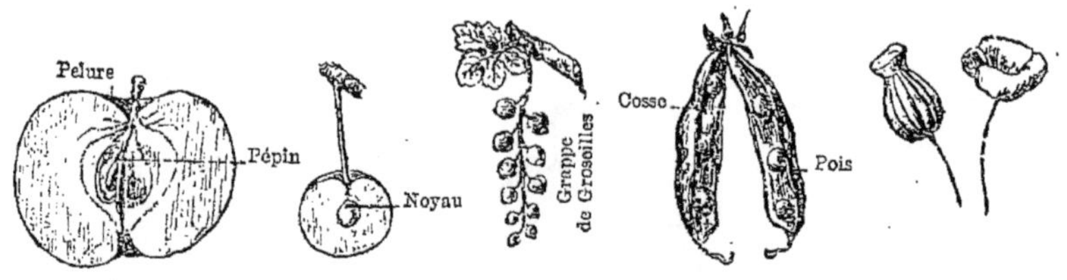

On divise les fruits en fruits ‿‿‿ et en fruits ‿‿‿. La ‿‿‿ et la ‿‿‿ sont des fruits à ‿‿‿. La ‿‿‿, la ‿‿‿, la ‿‿‿ et l'‿‿‿ sont des fruits à ‿‿‿. La ‿‿‿ et le ‿‿‿ sont des fruits à ‿‿‿. Le ‿‿‿ et le ‿‿‿ sont des fruits à ‿‿‿. L'‿‿‿ et le ‿‿‿ sont des fruits à ‿‿‿.

78ème Leçon.

Même exercice que la 74ᵉ leçon.

Le chêne. — Le hêtre. — Le framboisier. — Le mûrier. — Le groseillier. — La vigne.

Exemples : { *Le chêne produit les glands.*
            { *Le gland est le fruit du chêne.*

79ᵉᵐᵉ Leçon.

Exercice de langage et devoir écrit.

LE CHAUFFAGE (Combustibles).

Le bûcheron.

Morceau de houille
montrant les empreintes
de végétaux.

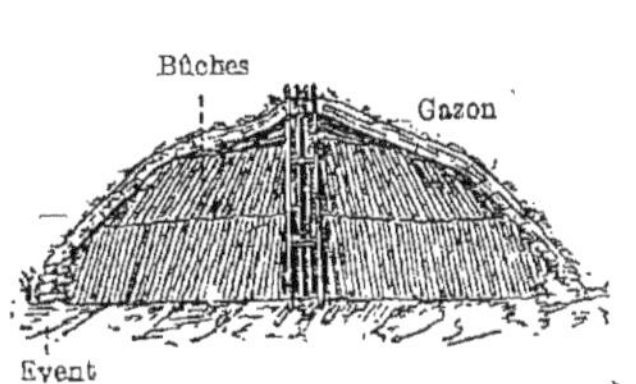

Meule de charbon
montrant la
disposition intérieure.

L'hiver, quand il fait ......, nous ...... nos habitations.

Le ...... coupe le ...... qui entretient notre ......; le ...... pioche dans les ...... pour extraire la ...... qui ...... les machines. Nous brûlons

Les charbonniers dans la forêt.

aussi du ...... et de la .... Le ...... fait le ...... que la cuisinière emploie dans son ....

Les matières employées pour le chauffage se nomment ....

80ᵉᵐᵉ Leçon.

TERRAINS PLANTÉS D'ARBRES.

Formez une phrase avec chacun des mots suivants :

Pommeraie. — Cerisaie. — Coudraie. — Chênaie. — Boulaie. — Frênaie. — Tremblaie. — Aunaie. — Oseraie. — Prunelaie. — Châtaigneraie. — Forêt. — Verger.

Exemple :   Un terrain planté de pommiers est une pommeraie.

81ᵉᵐᵉ Leçon.

Exercice de langage et devoir écrit.

APPAREILS DE CHAUFFAGE.

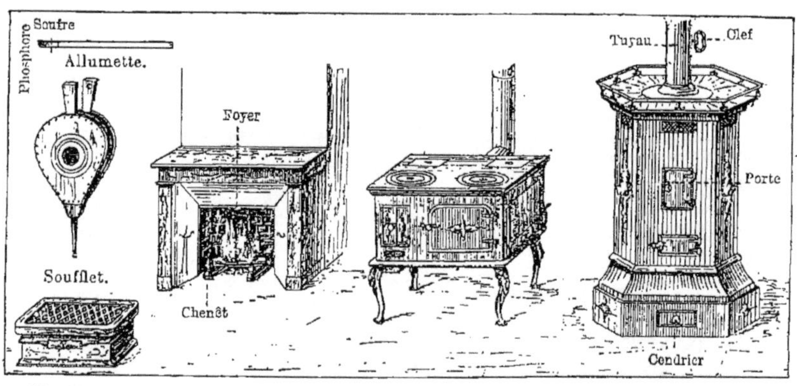

Pour allumer le ⁓⁓⁓ on se sert d'une ⁓⁓⁓, et on l'active à l'aide du ⁓⁓⁓. On chauffe les appartements au moyen d'une ⁓⁓⁓ ou d'un ⁓⁓⁓ en fonte ou en porcelaine.

Les salles d'attente des chemins de fer sont ⁓⁓⁓ par un ⁓⁓⁓.

Les dames se servent de ⁓⁓⁓ pour se chauffer les pieds.

82ème Leçon.

Nommez 10 fruits que vous connaissez et formez des phrases comme la suivante :

Les fruits que je connais sont :

La pomme que l'on cueille sur le pommier.

CHAPITRE VII

PLACE DES CHOSES.

83ème Leçon.

Formez une phrase avec les mots situés sur la même ligne :

Tiroir.

Blague.

Tabatière.

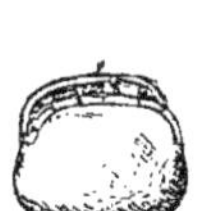

Bourse.

Étui. Fourreau. Gaine.

Tiroir. — Cuillers. — Fourchettes.
Blague. — Tabac à fumer.
Tabatière. — Tabac à priser.
Poche. — Mouchoir. — Couteau.

Gousset. — Montre.
Bourse. — Pièces de monnaie.
Étui. — Aiguilles à coudre.
Fourreau. — Sabre.
Gaine. — Poignard.

Exemple : *On met les cuillers et les fourchettes dans le tiroir.*

84ᵉᵐᵉ Leçon.

Exercice de langage et devoir écrit.

COMMENT ON CONNAIT L'HEURE.

Pour connaître l'⸺, on se sert aujourd'hui d'⸺ ou de ⸺. Le ⸺ est divisé en ⸺ parties égales indiquant les ⸺. Sur ce cadran se meuvent deux ⸺ : la grande marque les ⸺ et la petite les ⸺.

Sur le cadran solaire c'est l'⸺ d'une aiguille ⸺ qui marque les ⸺.

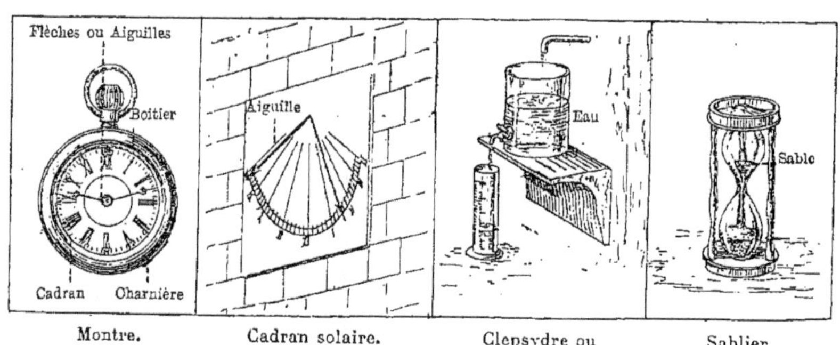

Montre.   Cadran solaire.   Clepsydre ou horloge à eau.   Sablier.

Autrefois, on se servait de ⸺ ou de ⸺.

85ᵉᵐᵉ Leçon.

Même exercice que la 83ᵉ leçon.

VASES.

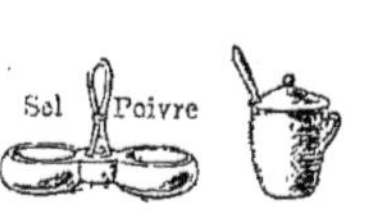

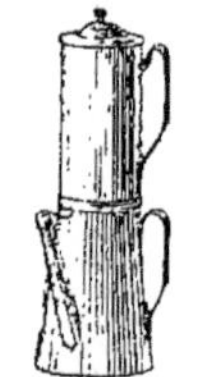

Soupière.   Salière.   Moutardier.   Saladier.   Cafetière.   Sucrier.   Théière.

Soupière. — Soupe. | **Cafetière.** — Café.
Salière. — Sel. — Poivre. | **Sucrier.** — Sucre.
Moutardier. — Moutarde. | **Théière.** — Thé.
Saladier. — Salade.

Exemple : On sert la soupe dans la soupière.

86ᵉᵐᵉ Leçon.

Exercice de langage et devoir écrit.

LE SEL ET LE POIVRE.

Marais salant.   Mine de sel gemme.   Poivrier.

Le sel est .... à l'homme et aux animaux.

On l'extrait des .... de la mer que l'on fait .... dans les .... On le trouve aussi dans le sein de la ....; on creuse de véritables .... pour l'extraire : c'est le sel ....

Le poivre est le fruit d'un .... sarmenteux appelé le ....

87ᵉᵐᵉ Leçon.

Même exercice que la 83ᵉ leçon.

Huilier. — Huile. — Vinaigre.
Bouteille. — Vin.
Tasse. — Café. — Thé.
Verre. — Vin. — Cidre. — Bière.

Encrier. — Encre.
Plumier. — Plumes. — Crayons.
Pupitre. — Livres. — Cahiers.

Exemple : On met l'huile et le vinaigre dans l'huilier.

88ᵉᵐᵉ Leçon.

Exercice de langage et devoir écrit.

ORGANES DES SENS.

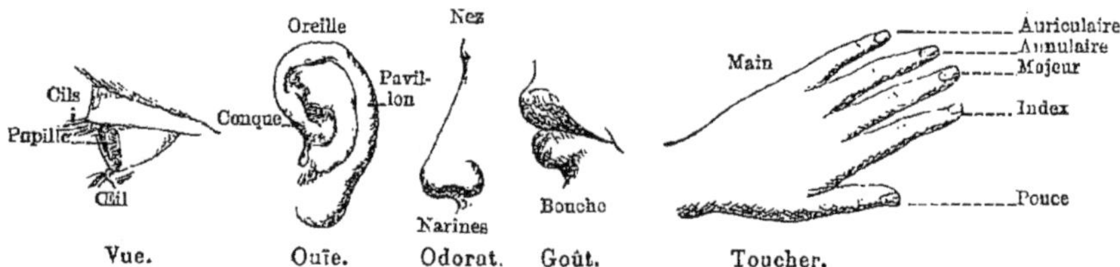

Nous connaissons la consistance des objets en les ⌇⌇⌇ avec la ⌇⌇⌇. C'est l'organe du ⌇⌇⌇.

Nos ⌇⌇⌇ nous font connaître leur couleur, leur forme, leur distance. C'est l'organe de la ⌇⌇⌇.

Si nous voulons connaître le parfum d'une fleur, nous la portons à notre ⁓⁓⁓. C'est l'organe de l'⁓⁓⁓.

Nous reconnaissons qu'un fruit est doux ou amer, en le portant à notre ⁓⁓⁓. C'est l'organe du ⁓⁓⁓.

Nous percevons les sons au moyen des ⁓⁓⁓. C'est l'organe de l'⁓⁓⁓.

L'homme a deux ⁓⁓⁓, deux ⁓⁓⁓ un ⁓⁓⁓, une ⁓⁓⁓, et deux ⁓⁓⁓.

89ᵉᵐᵉ Leçon.

MEUBLES.

Même exercice que la 83ᵉ leçon.

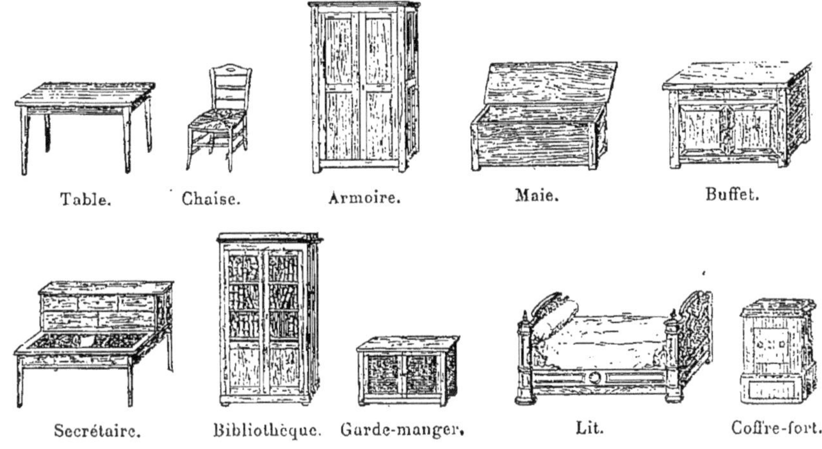

Table. — Diner.
Chaise. — Asseoir.
Armoire. — Linge. — Habits.
Maie. — Pain.
Buffet. — Vaisselle.
Secrétaire. — Papiers.

Bibliothèque. — Livres.
Garde-manger. — Restes du repas.
Lit. — Repos.
Coffre-fort. — Argent. — Valeurs.

Exemple : On sert le dîner sur la table.

90ᵉᵐᵉ Leçon.

Exercice de langage et devoir écrit.

L'ALIMENTATION.

Boulanger. Boucher. Épicier. Fruitier.

Notre principal ⁓⁓⁓ est le ⁓⁓⁓ que l'on achète chez le ⁓⁓⁓. Le pain est fait avec ⁓⁓⁓. Nous mangeons aussi de la ⁓⁓⁓ et des ⁓⁓⁓. On achète la ⁓⁓⁓ chez le ⁓⁓⁓ et les ⁓⁓⁓ chez le ⁓⁓⁓. L'épicier vend le ⁓⁓⁓, le ⁓⁓⁓, le ⁓⁓⁓, etc., dont nous faisons usage chaque jour. Le repas du matin est le ⁓⁓⁓, et celui du soir, le ⁓⁓⁓.

CHAPITRE VIII

HABITATION DE L'HOMME ET DES ANIMAUX.

91ᵉᵐᵉ Leçon.

Formez une phrase avec les mots situés sur la même ligne.

Cuisine. — Repas.	**Cave.** — Tonneaux.
Salle à manger. — Table.	**Grenier.** — Grain.
Chambre à coucher. — Lits.	**Bûcher.** — Bois à brûler.
Salon. — Amis.	**Fruitier.** — Fruits.

Exemple : On prépare les repas dans la cuisine.

92ème Leçon.

Même exercice que la 91e leçon.

Cellier. — Vin ou légumes.
Buanderie. — Lessive.
Fournil. — Four.
Grange. — Gerbes.

Fenil. — Foin.
Hangar. — Voitures.
Serre. — Fleurs craignant le froid.

Exemple : On met le vin ou les légumes dans le cellier.

93ème Leçon.

DEMEURES DES ANIMAUX.

Même exercice que la 91e leçon.

Écurie. — Chevaux.
Étable. — Vaches et Bœufs.
Bergerie. — Moutons.
Chenil. — Chiens.

Poulailler. — Poules.
Colombier — Pigeons.
Porcherie. — Porcs.
Volière. — Oiseaux.

Exemple : On rentre les chevaux à l'écurie.

94ème Leçon.

Même exercice que la 91e leçon.

Ruche. — Abeilles.
Guêpier. — Guêpes.
Fourmilière. — Fourmis.
Magnanerie. — Vers à soie.
Nids. — Oiseaux.

Aire. — Aigle.
Gîte. — Lièvre.
Terrier. — Renards; Lapins.
Bauge. — Sangliers.
Ménagerie. — Lions; Tigres.

Exemple : Les abeilles travaillent dans la ruche.

95ème Leçon.

Exercice de langage et devoir écrit.

L'HABITATION (Autrefois et Aujourd'hui).

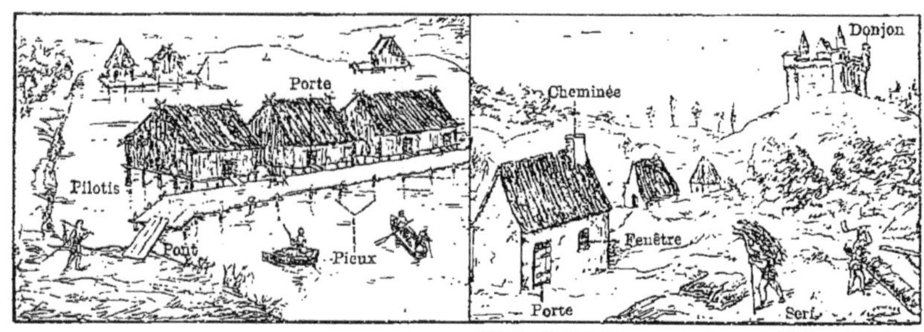

Habitations lacustres
ou sur pilotis.
Autrefois.
Habitations antérieures
à la Révolution.

Les hommes d'autrefois, pour échapper aux ......, construisaient leurs ...... sur ...... au milieu des .... Un ...... mobile en bois permettait de communiquer avec le .... Ces demeures en ...... n'avaient pour toute ouverture que la ....

Plus tard, nos ancêtres se construisirent des ...... au pied du .... Ces cabanes, bien ...... encore, avaient cependant une ...... dans la toiture, une ...... et une ....

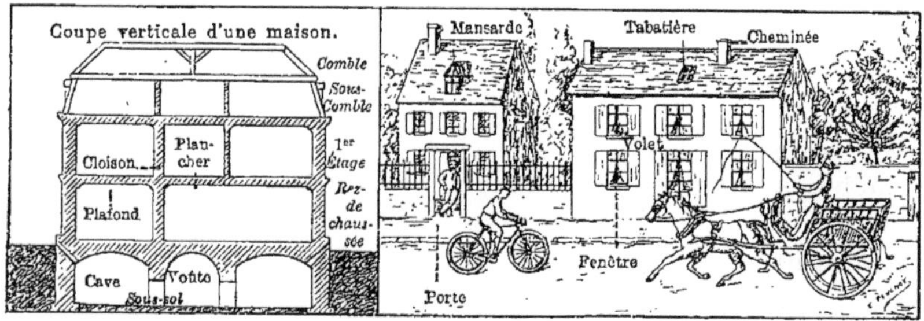

Aujourd'hui.

Aujourd'hui, nous avons de belles ......, bien ......, situées sur de ...... où passent facilement les ...... et les ....

96ᵉᵐᵉ Leçon.

Exercice de langage et devoir écrit.

INDUSTRIES DU BATIMENT.

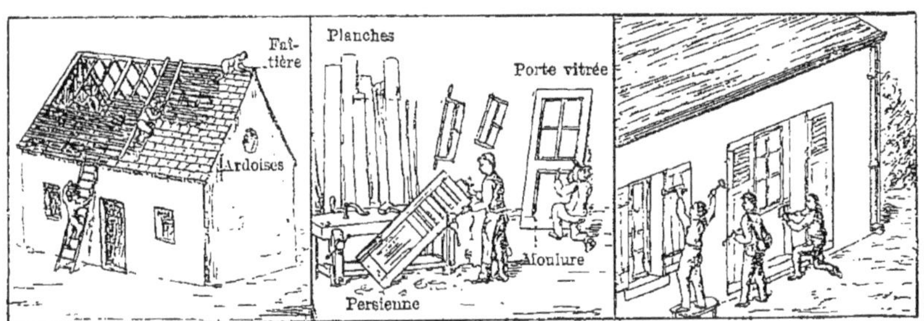

Les terrassiers.   Les maçons.   Les charpentiers.

Les couvreurs.   Les menuisiers.   Les serruriers.

La construction de nos .... nécessite le travail de beaucoup d'........ Les .... creusent les .... Les .... construisent les .... Les .... équarrissent et posent les .... Les .... couvrent la maison avec des .... ou des .... Les .... fabriquent les .... et les .... Enfin les .... placent les .... des portes, et les .... des volets.

CHAPITRE IX

97ᵉᵐᵉ Leçon.

L'HABILLEMENT.

Formez une phrase avec les mots situés sur la même ligne.

Blouse. — Paysans.
Pantalon. — Hommes.
Robe. — Dames.
Redingote. — Hommes. — Cérémonies.
Tunique. — Soldats et Collégiens.

Soutane. — Prêtres.
Burnous. — Arabes.
Braies. — Gaulois.
Saie. — Gaulois. — Guerre.
Cotte de mailles. — Chevaliers.

Exemple : *Les paysans portent habituellement une blouse.*

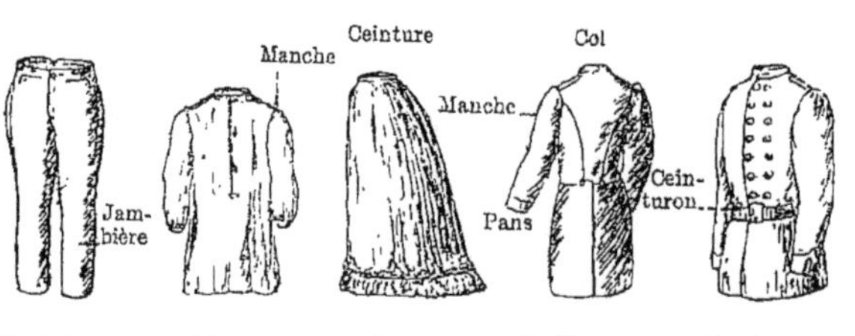

98ᵉᵐᵉ Leçon.

Même exercice que la 97ᵉ leçon.

Capuchon.—Hommes.—Pluie.	**Aube**. — Enfants de chœur.
Pardessus.—Hommes.—Hiver.	**Surplis**. — Prêtres. — Église.
Manteau. — Dames. — Froid.	**Carrick**. — Cochers.
Camail. — Évêques.	**Capote.**—Soldats.—Campagne.

Exemple : Les hommes mettent un capuchon pour se préserver de la pluie.

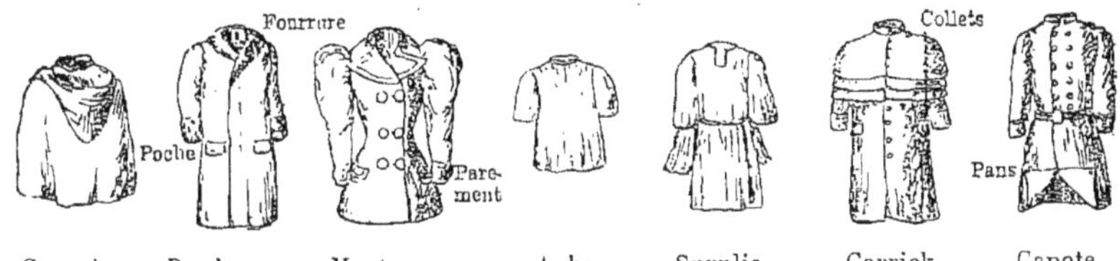

Capuchon. Pardessus. Manteau. Aube. Surplis. Carrick. Capote.

99ᵉᵐᵉ Leçon.

Exercice de langage et devoir écrit.

LA TOILE.

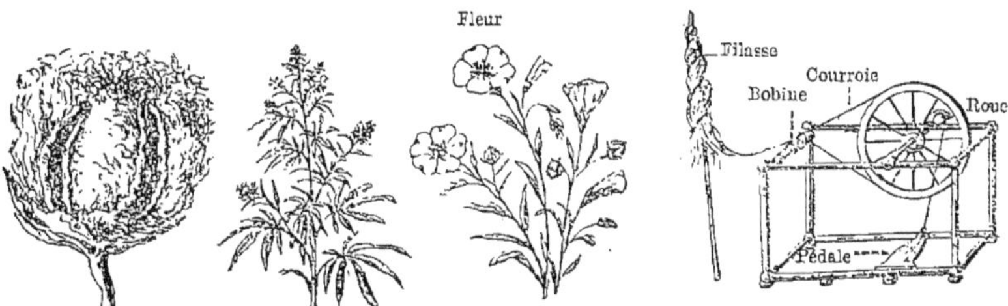

Capsule du cotonnier. Tige de chanvre. Tiges de lin. Quenouille. Rouet.

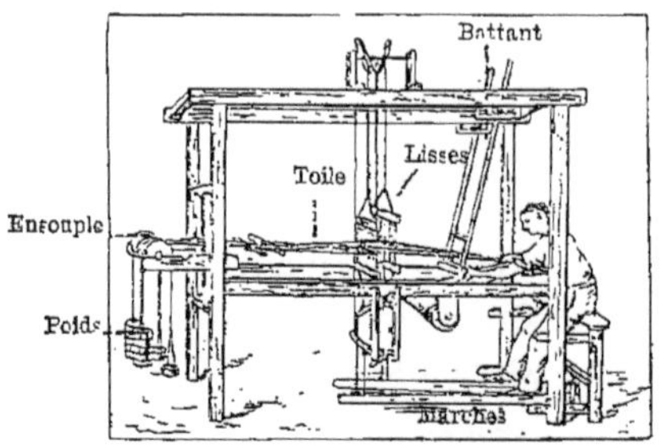

Métier de Tisserand.

La toile est faite avec le ⁓⁓, le ⁓⁓ ou le ⁓⁓. Les ménagères filent au moyen d'une ⁓⁓ et d'un ⁓⁓. Le ⁓⁓ est porté au ⁓⁓ qui en fait la ⁓⁓ sur son ⁓⁓.

Avec la toile, on fait ⁓⁓.

100ᵉᵐᵉ Leçon.

COIFFURES.

Formez une phrase avec les mots situés sur la même ligne.

Casquette. — Paysans.	**Couronne.** — Rois et empereurs.
Chapeau. — Toilette.	**Tiare.** — Pape.
Béret. — Étudiants.	**Mitre.** — Évêques.
Képi. — Soldats et Collégiens.	**Turban.** — Turcs; Orientaux.
Béguin. — Jeunes enfants.	**Casque.** — Pompiers; Dragons.

Exemple : Les paysans portent des casquettes.

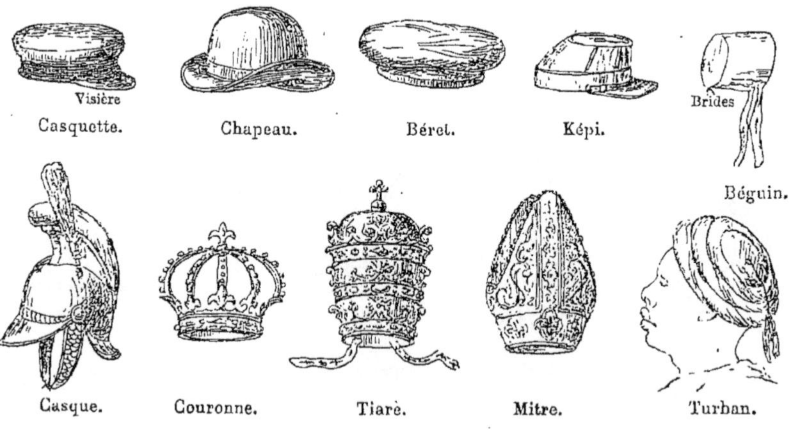

101ᵉᵐᵉ Leçon.

Exercice de langage et devoir écrit.

LA SOIE.

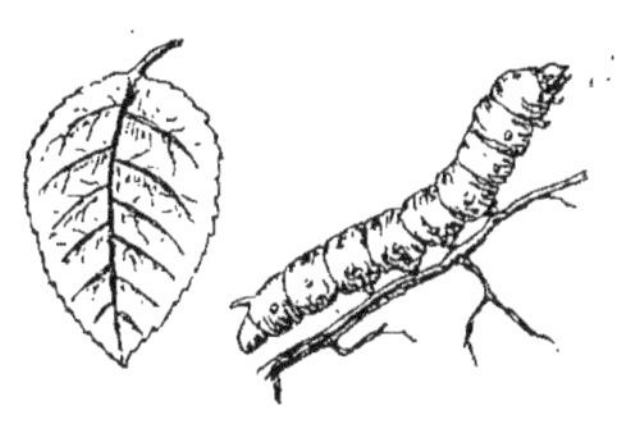

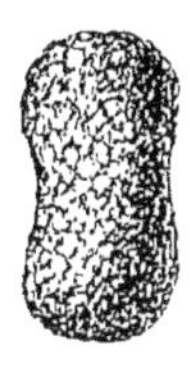

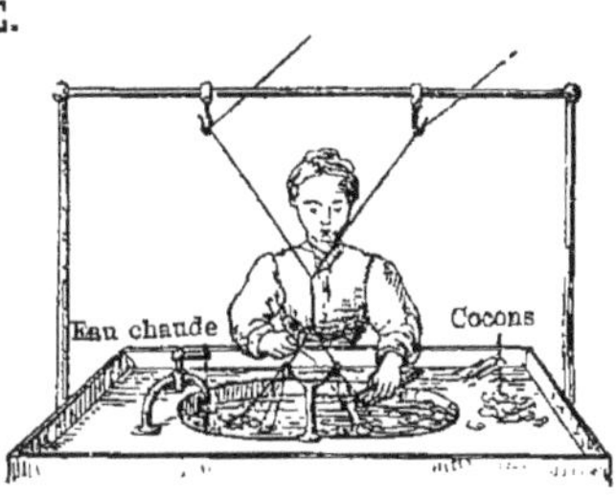

Feuille de mûrier.   Ver à soie.   Cocon.   Machine à dévider les cocons.

La soie est produite par le ﹏﹏. On l'élève dans les ﹏﹏ et on le nourrit de ﹏﹏. Il se file un nid appelé ﹏﹏. Ces ﹏﹏ sont ensuite dévidés pour obtenir le ﹏﹏ de soie que l'on emploie à tisser les ﹏﹏.

102ᵉᵐᵉ Leçon.

CHAUSSURES.

Formez une phrase avec chacun des mots suivants, et répondant aux questions : *On met quoi? Quand? Pourquoi?*

Bottes. — Bottines. — Brodequins. — Pantoufles. — Sabots. — Galoches. — Claques. — Patins. — Sandales. — Guêtres.

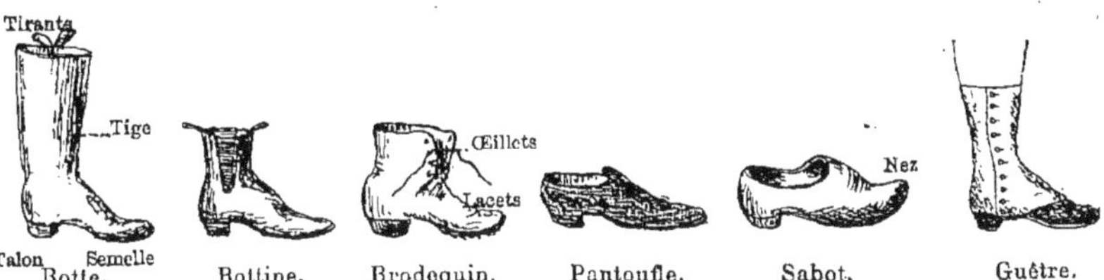

Claque.   Sandale.   Patin.   Galoche.

Exemple : *On met des bottes pour passer dans les chemins boueux.*

103ᵉᵐᵉ Leçon.

Exercice de langage et devoir écrit.

LA PIERRE.

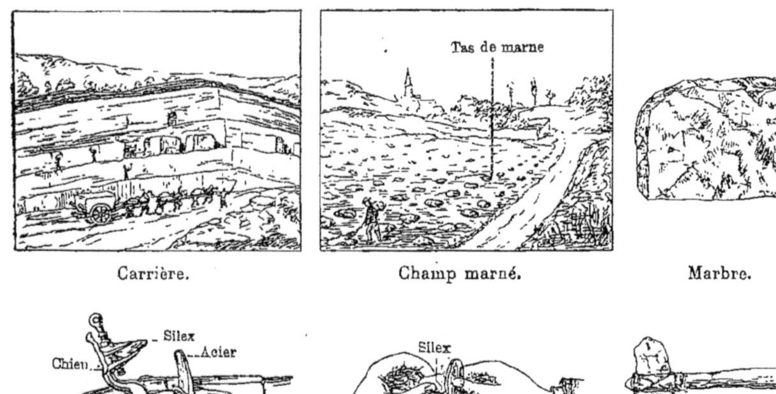

Carrière. Champ marné. Marbre.

Fusil à pierre. Briquet. Hache en silex.

On extrait la pierre des ⸺ et les ouvriers qui y travaillent se nomment ⸺.

On distingue la **pierre à bâtir** qui sert à ⸺ ;

La **marne** que l'on tire des ⸺ et qui sert à ⸺ ;

Le **marbre** que l'on tire des ⸺ et qui sert à ⸺ ;

Le **silex** qui produit des ⸺ sous le choc de l'⸺.

Avec le silex, on fait des ⸺.

Les anciens en faisaient des ⸺.

CHAPITRE X

104ème Leçon.

LES ARMES.

Formez une phrase avec les mots situés sur la même ligne.

Fusil. — Chasseurs.
Épée. — Officiers. — Côté.
Baïonnette. — Bout du fusil.
Sabre. — Cavaliers.
Pistolet. — Une main.

Revolver. — Plusieurs coups.
Fleuret. — Escrime.
Poignard. — Assassin.
Canon. — Boulets.
Mousqueton. — Artilleur.

Exemple : Les chasseurs se servent du fusil.

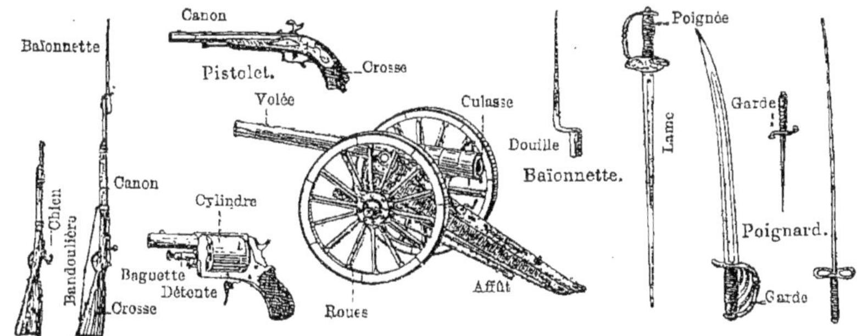

Armes à feu.   Armes tranchantes.

105ᵉᵐᵉ Leçon.

Phrases à compléter au moyen des mots suivants :

Francisque. — Arbalète. — Flèches. — Arquebuse. — Lance. — Framée. — Yatagan. — Zagaie. — Bouclier. — Hallebarde.

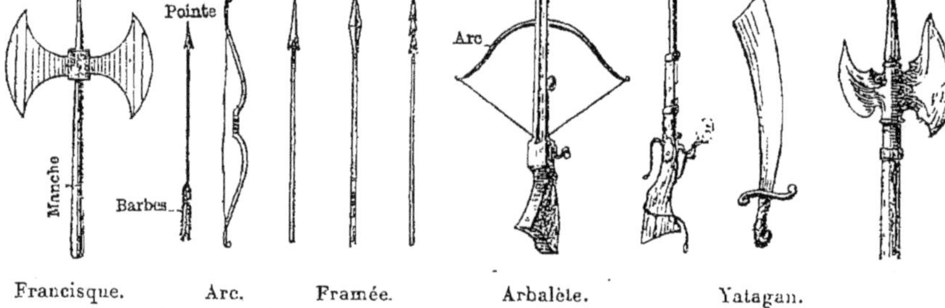

Francisque.   Arc.   Framée.   Arbalète.   Yatagan.
Flèche.   Lance.   Zagaie.   Arquebuse.   Hallebarde.

Les anciens **Francs** se servaient d'une **hache** appelée ⁓⁓ et d'une **lance** appelée ⁓⁓. Ils se préservaient des coups au moyen du ⁓⁓.

Avant le **fusil**, on se servait de l'⁓⁓.

Pour lancer les ⁓⁓ on se servait d'une ⁓⁓ ou d'un ⁓⁓.

Les **Suisses** portaient autrefois une arme en forme de **croissant**, appelée ⁓⁓.

Certains cavaliers, les **lanciers**, ont pour arme la ⁓⁓.

Les **sauvages** se servent encore aujourd'hui d'une **lance** appelée ⁓⁓.

Les **Turcs** se servent d'une sorte de **sabre** appelé ⁓⁓.

106ᵉᵐᵉ Leçon.

USTENSILES DE CUISINE ET TERMES CULINAIRES.

Même exercice que la 104ᵉ leçon.

Poêlon. — Friture.   **Marmite.** — Ragoût.
Casserole. — Matelote.   **Gril.** — Grillade.

Rôtissoire. — Rôti.
Cocote. — Rissoler.

Tourtière. — Tourte.
Couperet. — Hachis.

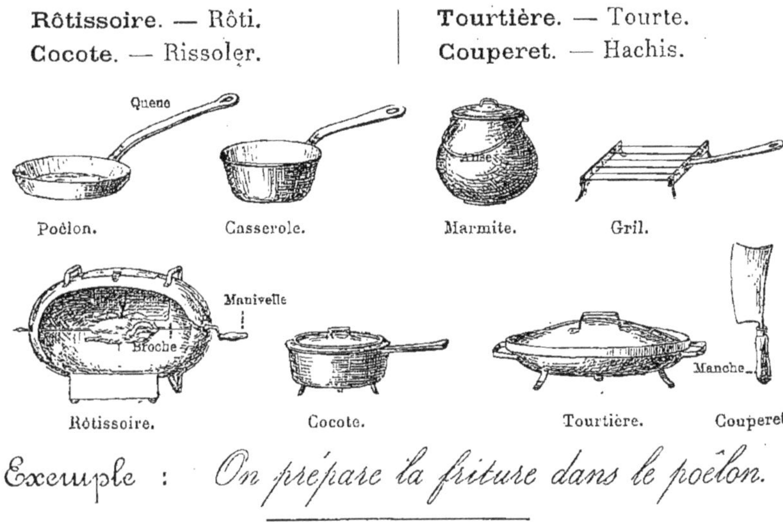

Exemple : *On prépare la friture dans le poêlon.*

107ᵉᵐᵉ Leçon.

Exercice de langage et devoir écrit.

TUILES ET BRIQUES.

On fait les .... et les .... avec de l'........ ou terre grasse. Cette terre pétrie est mise dans un ....; on obtient ainsi une tablette ayant la forme d'une ....

Le ‿‿‿ la prend et la dépose au ‿‿‿ sur une place bien ‿‿‿.

Quand ces briques ont séché ainsi pendant trois ou quatre jours, on les reporte sous un ‿‿‿ où elles finissent de ‿‿‿. Elles sont enfin mises au ‿‿‿, où elles prennent la consistance de la ‿‿‿.

Les briques servent à ‿‿‿.

Les tuiles servent à ‿‿‿.

108ᵉᵐᵉ Leçon.

ARMES ET DÉFENSES DES ANIMAUX.

Formez une phrase avec les mots situés sur la même ligne :

Cornes. — Bœufs.

Griffes. — Chats. — Lions.

Bec. — Oiseaux.

Serres. — Oiseaux de proie.

Trompe. — Éléphants.

Venin. — Serpents.

Crocs. — Chiens.

Défenses. — Éléphants. — Sangliers.

Pinces. — Écrevisses.

Piquants. — Hérissons.

Dard. — Abeilles.

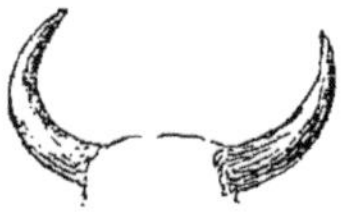

Cornes.

Serres.

Bec.

Griffes.

Trompe et défenses.

Défenses.

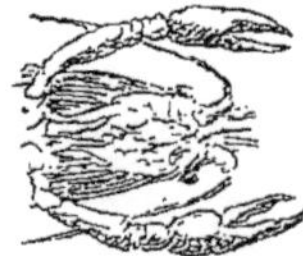

Pinces.

Piquants.

Dard.

Crocs.

Exemple : *Les bœufs se défendent avec leurs cornes.*

109ème Leçon.

Exercice de langage et devoir écrit.

LA CHAUX ET LE PLATRE.

On obtient la **chaux vive** en faisant cuire une pierre **calcaire** dans des .... à .... Cette .... arrosée d'eau se fendille et donne la chaux .... que l'on emploie dans la fabrication du ....

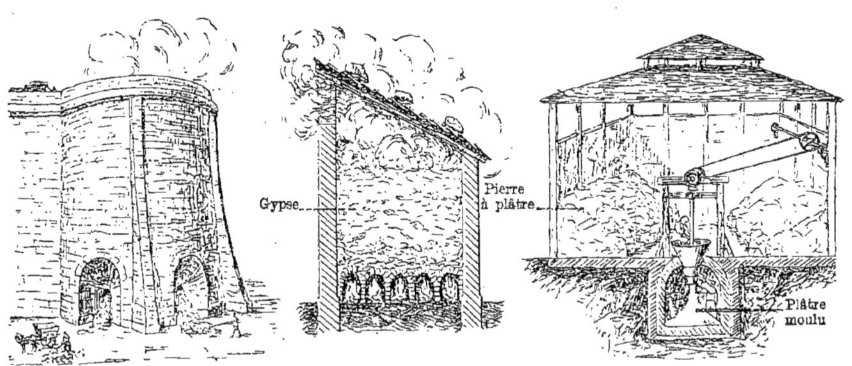

Four à chaux.   Four à plâtre.   Moulins à plâtre.
(vue extérieure)   (vue intérieure)   (disposition intérieure)

La pierre à plâtre ou **gypse**, cuite dans les ...., donne le plâtre .... que l'on broie dans des ....

Ce plâtre ainsi préparé sert à ....

110ᵉᵐᵉ Leçon.

TOILETTE.

Formez une phrase avec chacun des mots suivants :

Cuvette. — Savon. — Serviette. — Peigne. — Brosse. — Cure-oreilles. — Cure-dents. — Cure-ongles.

Exemple : On se lave les mains dans la cuvette.

Cure-dents.

Cure-ongles.

Cure-oreilles.

Cuvette.　　Pot à eau.　　Savon.　Brosse　　Peigne.　　Brosse
　　　　　　　　　　　　　　à ongles.　　　　　à habits.

Dents

111ᵉᵐᵉ Leçon.

INFIRMITÉS.

Phrases à compléter au moyen des mots suivants :

Bossu. — Bancal. — Boiteux. — Sourd. — Muet. — Aveugle. — Borgne. — Manchot. — Louche. — Bègue. — Cul-de-jatte.

Celui qui a une jambe plus **courte** que l'autre est ――――.
Le ―――― a les **jambes tortues**.
Quand on a une **bosse** derrière le dos, on est ――――.
Ne **pas entendre**, c'est être ――――.
Celui qui est **sourd en naissant** est ordinairement ――――.

Quand on a **perdu un bras,** on est ﹏﹏.
Celui qui a **perdu la vue** est ﹏﹏.
Le ﹏﹏ n'a plus qu'**un œil.**
Si les deux **yeux** n'ont pas la **même direction,** on est ﹏﹏.
Le ﹏﹏ **parle avec difficulté.**
Le ﹏﹏ ne peut se servir de ses **jambes.**

CHAPITRE XI

112ème Leçon.

USINES ET MANUFACTURES.

Formez une phrase avec chacun des mots suivants :

Papeterie. — Verrerie. — Tuilerie. — Filature. — Forge. — Sucrerie. — Raffinerie. — Huilerie. — Vinaigrerie. — Moulin. — Cordonnerie. — Chapellerie. — Coutellerie.

Exemple : Le papier se fait dans les papeteries.

113ème Leçon.

Exercice de langage et devoir écrit.

LE VERRE.

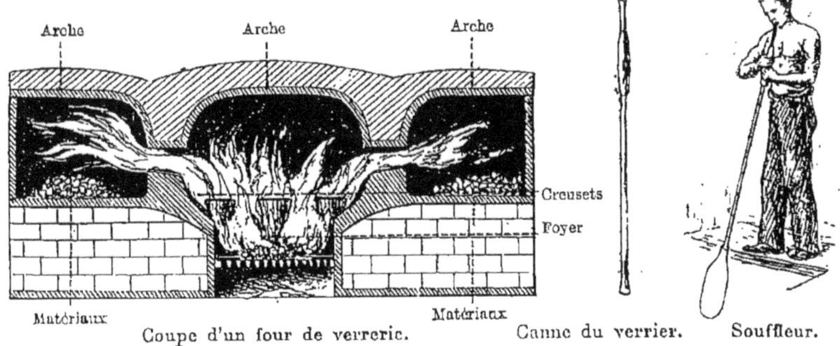

Coupe d'un four de verrerie.   Canne du verrier.   Souffleur.

Le ˷˷˷ est un corps ˷˷˷ et ˷˷˷. On fabrique le ˷˷˷ avec du ˷˷˷ et de la ˷˷˷ ou de la ˷˷˷ que l'on fait fondre dans des ˷˷˷. Le ˷˷˷ en prend une petite quantité au moyen de sa ˷˷˷ creuse; il ˷˷˷, et la masse de verre s'enfle et devient, après plusieurs opérations, tout à fait ˷˷˷.

Avec le verre, on fait ˷˷˷.

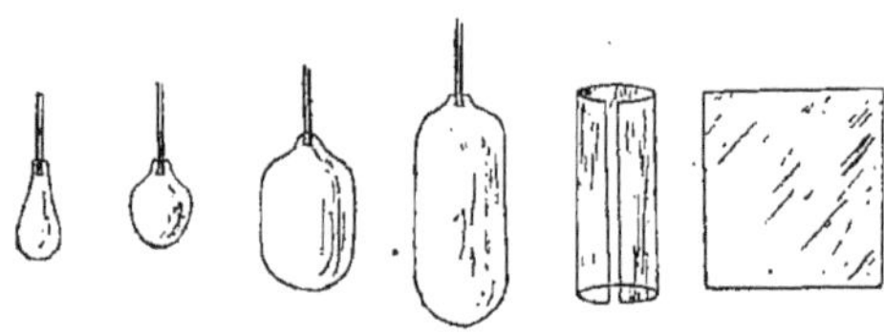

Formes que prend le verre soufflé
dans la fabrication des vitres.

114ᵉᵐᵉ Leçon.

MACHINES.

Phrases à compléter au moyen des mots suivants :

Machine à coudre. — Locomotive. — Locomobile. — Pressoir. — Presse. — Grue. — Chèvre. — Treuil. — Cabestan. — Moufle. — Cric. — Coupe-racines. — Faucheuse. — Tarare.

Le **maçon** soulève le **bloc de pierre** au moyen du ˷˷˷ ou du ˷˷˷.

Les **charpentiers** se servent souvent de la ˷˷˷ pour **monter les poutres.**

Dans les gares, on peut **soulever des wagons** chargés au moyen de la ˷˷˷.

Tous les **navires** ont un ˷˷˷.

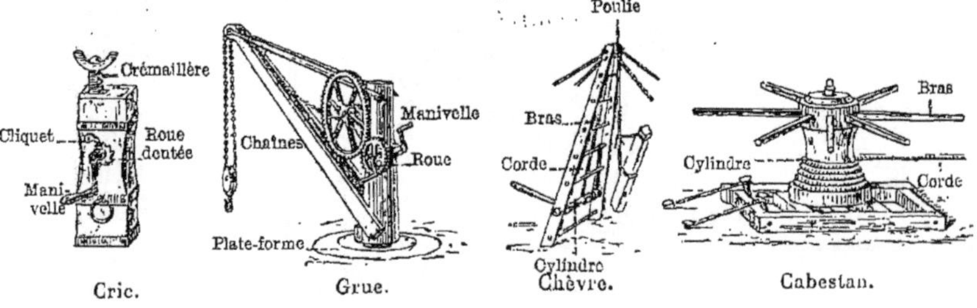

Pour **charger les pièces de bois,** on peut se servir d'une 〜〜〜.

Pour **faire le cidre,** on mène les fruits au 〜〜〜.

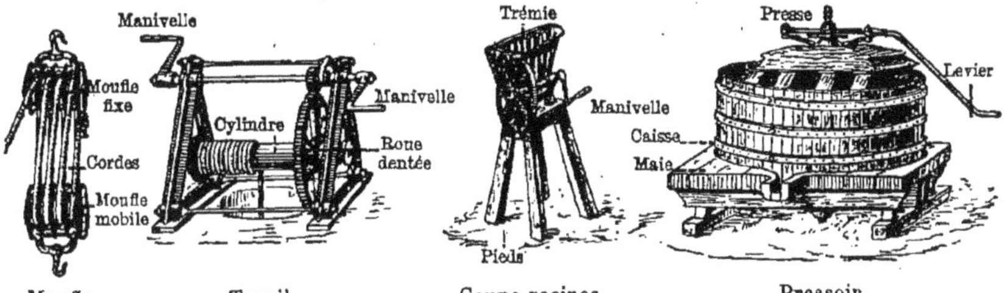

Moufle.   Treuil.   Coupe-racines.   Pressoir.

La 〜〜〜 traîne les **wagons** sur les **rails.**

Pour **couper** les betteraves, on se sert du 〜〜〜.

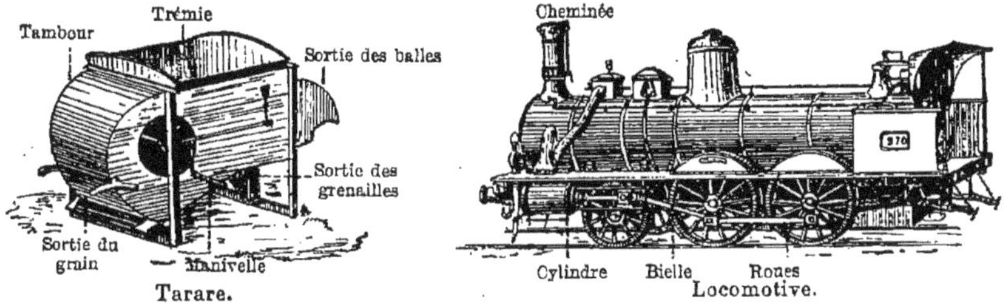

Tarare.   Locomotive.

Pour **vanner** les graines, on emploie le 〜〜〜.

La 〜〜〜 met la **batteuse** en mouvement.

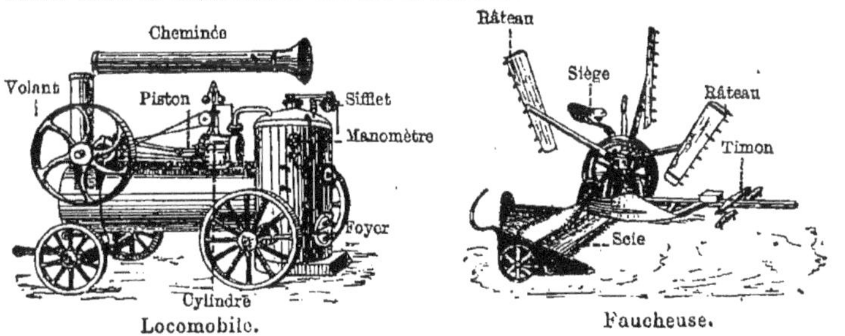

Locomobile.   Faucheuse.

Pour **faucher,** on se sert beaucoup de 〜〜〜.

Les **dames** se servent aujourd'hui de 〜〜〜.

Le menuisier **serre** sa planche avec une 〜〜〜.

115ᵉᵐᵉ Leçon.

RÉCAPITULATION

Complétez par 10 noms convenables les phrases suivantes :

Les **armes** que je connais sont : ‿‿‿‿.
Les **meubles** que renferme une maison sont : ‿‿‿‿.
Les **vêtements ordinaires** sont : ‿‿‿‿.
Les **coiffures** les plus usitées sont : ‿‿‿‿.
Les **chaussures** que je connais sont : ‿‿‿‿.

116ᵉᵐᵉ Leçon.

Exercice de langage et devoir écrit.

LES CHENILLES.

Échenilloir.   Chenille.   Nids de chenilles.   Chrysalide.   Papillon.

Les ‿‿‿‿ sont des insectes nuisibles; elles mangent les ‿‿‿‿ des arbres, sur lesquels elles font leurs ‿‿‿‿.

Elles s'endorment et se changent en ‿‿‿‿, desquelles sortiront les ‿‿‿‿ papillons.

Les papillons pondent des ‿‿‿‿ qui donnent naissance à de nouvelles ‿‿‿‿.

On doit détruire les ‿‿‿‿. Le plus sûr moyen est l'échenillage, qui consiste à enlever les ‿‿‿‿ au moyen de l'‿‿‿‿.

CHAPITRE XII

117ᵉᵐᵉ Leçon.

LA FAMILLE.

Phrases à compléter au moyen des mots suivants :

Tante. — Oncle. — Parrain. — Marraine. — Père. — Mère. — Cousin. — Neveu. — Filleul. — Épouse. — Bru. — Gendre. — Beaupère. — Belle-mère. — Grand-père. — Grand-mère. — Fils. — Petit-fils.

Un .... doit le respect à son .... et à sa ....

Le **père** et la **mère** de nos **parents** sont nos .... et ....; et nous sommes leurs ....

Les **frères** et **sœurs** de nos **parents** sont nos .... et ....; et nous sommes leurs .... Leurs **enfants** sont nos ....

Ceux qui nous ont tenu sur les **fonts baptismaux** sont nos .... et ....; et nous sommes leurs ....

Les **parents** de l'**épouse** sont les .... et .... du mari, et celui-ci est leur .... Réciproquement l'**épouse** est la .... des **parents** de son **mari**.

118ᵉᵐᵉ Leçon.

NATIONALITE.

Formez une phrase avec chacun des mots suivants :

Français. — Anglais. — Espagnol. — Hollandais. — Allemand. — Italien. — Autrichien. — Russe. — Suisse. — Belge. — Suédois. — Portugais. — Turc. — Grec.

Exemple : *La patrie des Français est la France.*

119ᵉᵐᵉ Leçon.

Exercice de langage et devoir écrit.

DESTRUCTEURS D'INSECTES.

Les ⸺ sont de grands destructeurs d'⸺ : ce sont les auxiliaires des ⸺. Les oiseaux qui chassent le plus activement les ennemis de nos ⸺ sont : ⸺.

Enfants, protégez-les et ne détruisez pas leurs ⸺, car vous laisseriez vivre ⸺.

120ᵉᵐᵉ Leçon.

PETITS DES ANIMAUX.

Formez une phrase avec chacun des mots suivants :

Veau. — Poulain. — Anon. — Agneau. — Chevreau. — Porcelet. — Poulet. — Caneton. — Chaton.

Exemple : Le veau est le petit de la vache.

121ᵉᵐᵉ Leçon.

Même exercice que la leçon précédente.

Lapereau. — Levraut. — Louveteau. — Ourson. — Faon. — Lionceau. — Marcassin. — Pigeonneau. — Dindonneau. — Paonneau. — Oison.

Exemple : *Le lapereau est un petit lapin.*

122ᵉᵐᵉ Leçon.

Exercice de langage et devoir écrit.

INSECTES·UTILES ET INSECTES NUISIBLES.

Phrases à compléter en indiquant les services rendus ou les dégâts causés par les insectes ci-dessous :

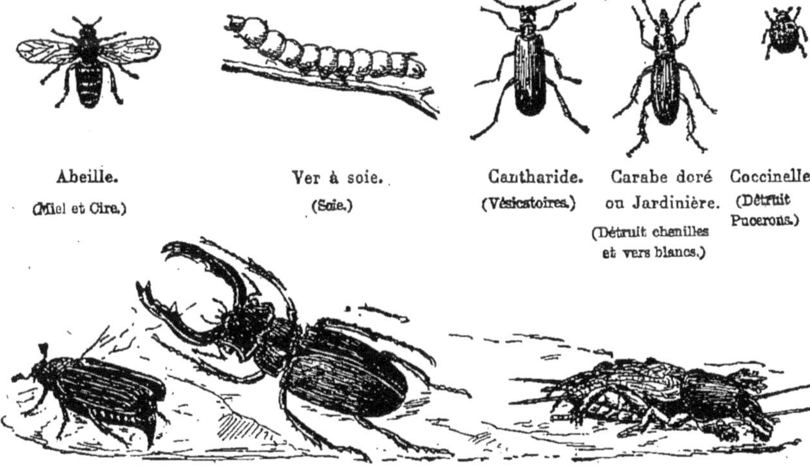

Abeille.
(Miel et Cire.)

Ver à soie.
(Soie.)

Cantharide.
(Vésicatoires.)

Carabe doré ou Jardinière.
(Détruit chenilles et vers blancs.)

Coccinelle.
(Détruit Pucerons.)

Hanneton.
(Détruit Feuilles des arbres.)

Lucane ou Cerf-volant.
(Dégâts aux jeunes arbres.)

Courtilière.
(Coupe les racines des plantes.)

Il faut protéger les .... qui nous donnent le miel; les ....
Il faut faire la guerre aux .... qui ....; aux ....

123ème Leçon.

ANIMAUX (Pères et Mères).

Phrases à compléter au moyen des mots suivants :

Jument. — Vache. — Truie. — Brebis. — Chèvre. — Louve. —
Laie. — Biche. — Hase. — Guenon. — Chevrette. — Poule. — Oie.

On dit :

Un bœuf, une	Un chevreuil, une ....
Un cheval, une	Un sanglier, une ....
Un porc, une	Un lièvre, une ....
Un bouc, une	Un singe, une ....
Un bélier, une	Un coq, une ....
Un loup, une	Un jars, une ....
Un cerf, une	

CHAPITRE XIII.

124ème Leçon.

OUVRIERS ET ARTISANS.

Formez deux phrases distinctes avec les mots compris dans le même alinéa (*Les mots en italiques sont pour la 2e phrase*).

Cordonnier. — Chaussures. — | **Tisserand.** — Toile. — *Étof-*
Bottes. | *fes.*

Couturière. — Habits de dames. — *Robes.*	**Tailleur.** — Habits d'hommes. — *Pantalons.*
Sabotier. — Chaussures. — *Sabots.*	**Boulanger.** — Pain. — *Farine.*
Chapelier. — Coiffures. — *Casquettes.*	**Boucher.** — Viande. — *Bœuf.*

Exemples :

Le cordonnier fabrique des chaussures en cuir.

Le cordonnier m'a fait une paire de bottes.

125ème Leçon.

Même exercice que la 124ᵉ leçon.

Charcutier. — Porcs. — *Boudins; Saucisses.*	**Fruitier.** — Fruits. — *Pommes; Poires.*
Coquetier. — Œufs. — *Dindes; Poulets.*	**Cuisinier.** — Cuisine. — *Rôti.*
Pâtissier. — Pâtisserie. — *Gâteaux; Tartes.*	**Confiseur.** — Sucreries. — *Berlingots.*
Laitier. — Lait. — *Crème.*	**Liquoriste.** — Liqueurs. — *Prunelle; Sirop.*

Exemples :

Le charcutier tue les porcs.

On achète les boudins et les saucisses chez le charcutier.

126ᵉᵐᵉ Leçon.

Même exercice que la 124ᵉ leçon.

Bourrelier. — Harnais. — *Bride; Selle.*

Carrossier. — Voitures. — *Calèche.*

Cordier. — Cordes. — *Câble; Ficelle.*

Tapissier. — Tapisseries. — *Fauteuil.*

Tanneur. — Cuir. — *Basane; Chevreau.*

Vannier. — Vannerie. — *Vans; Corbeilles.*

Bijoutier. — Bijoux. — *Bagues; Broches.*

Libraire. — Livres. — *Grammaires; Géographies.*

Exemples :

Le bourrelier fabrique les harnais des chevaux.

Le bourrelier m'a vendu une bride et une selle.

127ᵉᵐᵉ Leçon.

Exercice de langage et devoir écrit (Réponses aux questions).

LA LAITERIE.

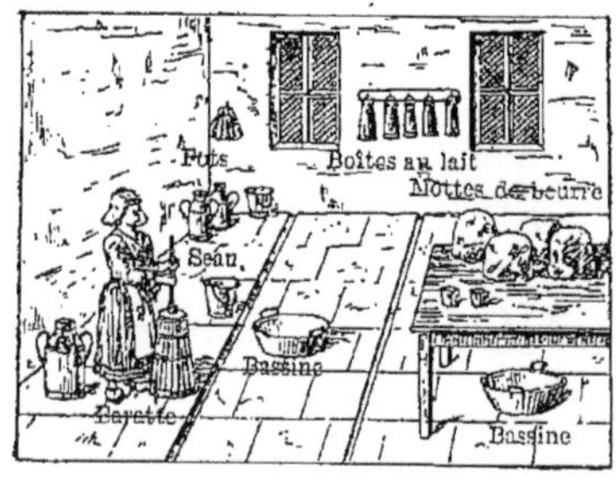

Intérieur d'une Laiterie.

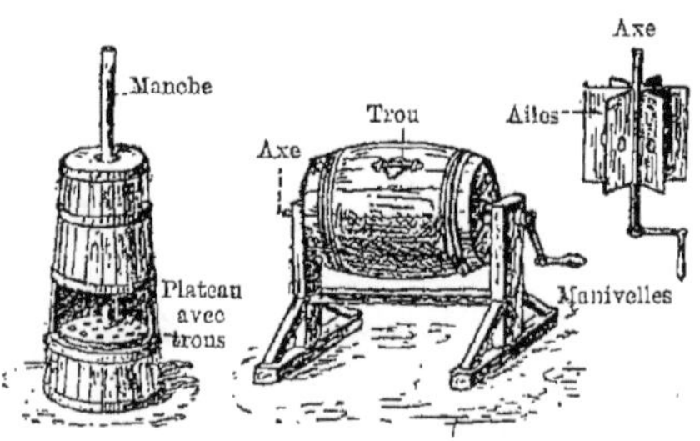

Baratte ordinaire.   Baratte normande.

1. Qui est-ce qui produit le lait ?
2. Où met-on le lait ?
3. Que fait-on de la crème ?
4. Que fait-on du lait caillé ?
5. A quoi servent le beurre et le fromage ?

REMARQUE. — *Il sera bon de faire faire ces sortes de devoirs, d'abord en écrivant les questions avec leurs réponses, et ensuite sans écrire les questions, de manière que les réponses se lient et forment un texte suivi.*

128ème Leçon.

PROFESSIONS.

Formez deux phrases distinctes avec les mots compris dans le même alinéa
(*comme pour la 124e leçon*).

Instituteur. — Instruction. — *Leçons; Devoirs.*

Médecin. — Malades. — *Rougeole; Fièvre.*

Dentiste. — Dents. — *Incisives; Molaires.*

Pharmacien. — Remèdes. — *Quinquina.*

Vétérinaire. — Bestiaux. — *Courbature.*

Chirurgien. — Membres. — *Jambe.*

Juge. — Union. — *Différend.*

Peintre. — Peinture. — *Paysage.*

Exemples :

L'instituteur se consacre à l'instruction des enfants.

L'instituteur donne les leçons et les devoirs à ses élèves.

CHAPITRE XIV.

129ᵉᵐᵉ Leçon.

OUTILS DU CULTIVATEUR (Instruments aratoires).

Le cultivateur se sert de quoi? Pour quoi?

Charrue. — Herse. — Rouleau. — Faux. — Faucille. — Pioche.

Exemple : Le cultivateur se sert de la charrue pour labourer la terre.

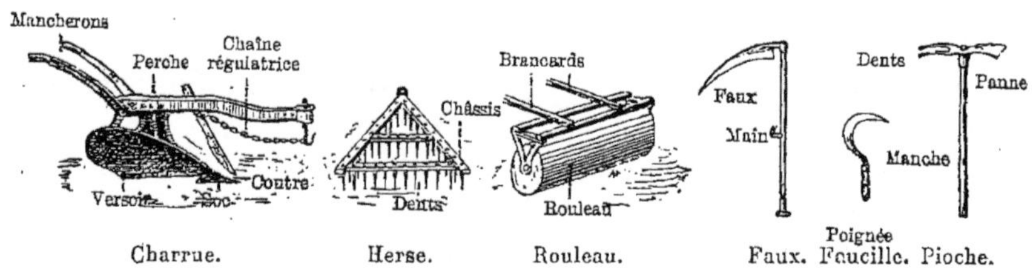

Charrue. Herse. Rouleau. Faux. Faucille. Pioche.

130ᵉᵐᵉ Leçon.

Exercice de langage et devoir écrit.

LES VOITURES.

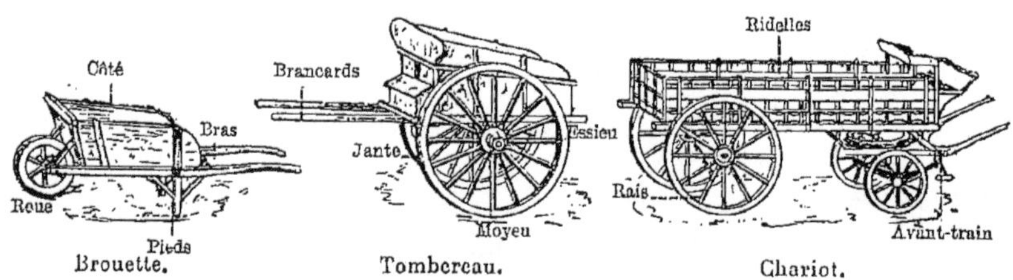

Brouette. Tombereau. Chariot.

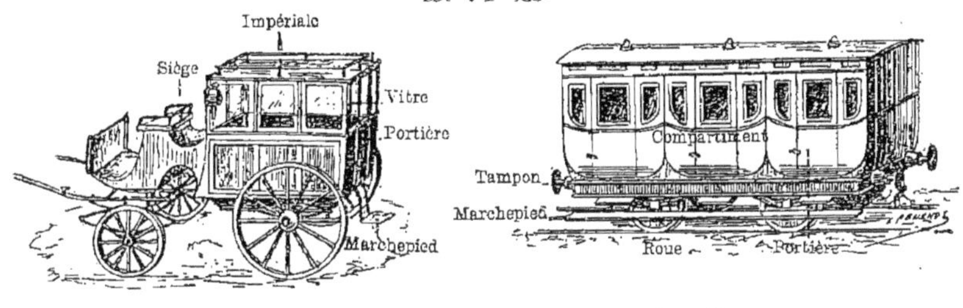

Omnibus.

Wagon.

Que mène-t-on dans une brouette? — Dans un tombereau? — Dans un chariot?

Quand monte-t-on en omnibus? — En wagon?

131ᵉᵐᵉ Leçon.

OUTILS DU JARDINIER.

Le jardinier se sert de quoi? Pour quoi?

Bêche. — Arrosoir. — Râteau. — Fourche. — Binette. — Sécateur.

Exemple : Le jardinier se sert de la bêche pour retourner la terre.

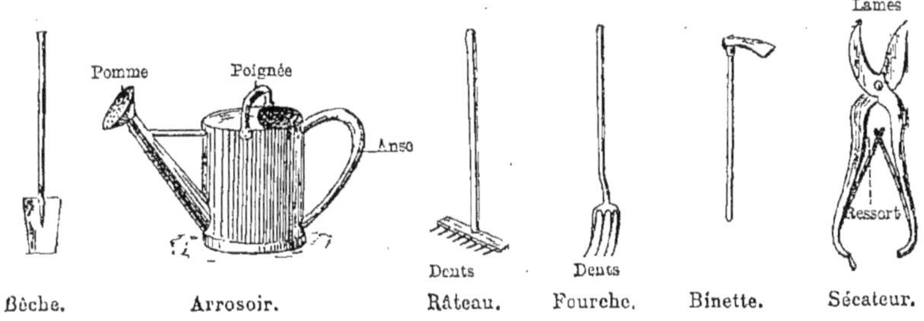

Bêche.   Arrosoir.   Râteau.   Fourche.   Binette.   Sécateur.

132ᵉᵐᵉ Leçon.

OUTILS DU MAÇON ET DU TAILLEUR DE PIERRES.

Le maçon se sert de quoi ? Pour quoi ?

Marteau. — Truelle. — Auge. — Niveau. — Scie. — Hachette.

Exemple : *Le maçon se sert du marteau pour casser la pierre.*

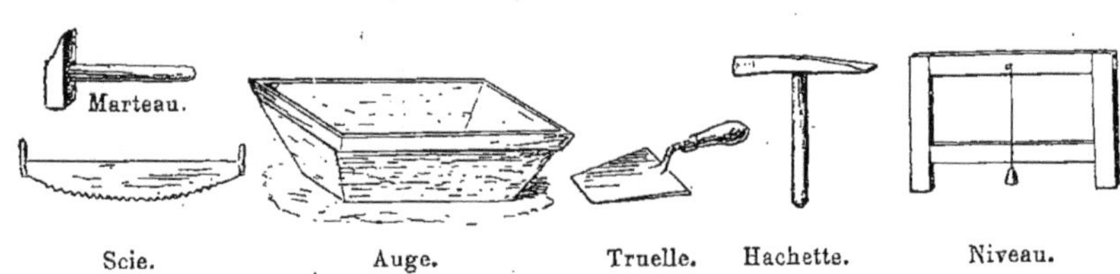

133ᵉᵐᵉ Leçon.

OUTILS DU CHARPENTIER ET DU MENUISIER.

1° *Le charpentier se sert de quoi ? Pour quoi ?*
2° *Le menuisier se sert de quoi ? Pour quoi ?*

1° Cognée. — Scie. — Équerre. — Compas.
2° Établi. — Varlope. — Rabot. — Ciseau. — Vilebrequin.

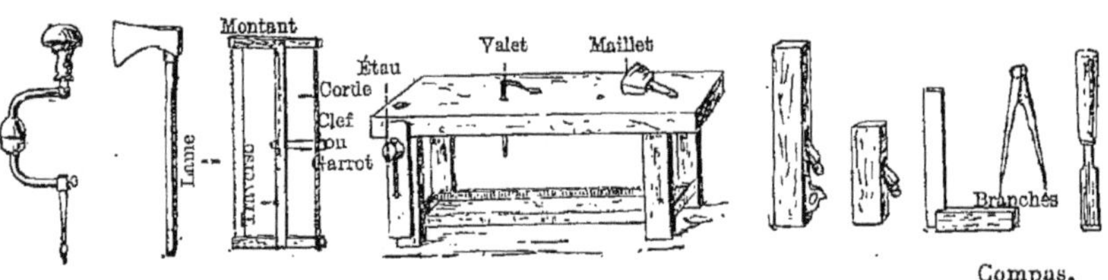

Exemples :

Le charpentier se sert de la cognée pour équarrir le bois.

Le menuisier se sert de l'établi pour appuyer ses planches.

134ème Leçon.

Exercice de langage et devoir écrit.

FORCES MOTRICES.

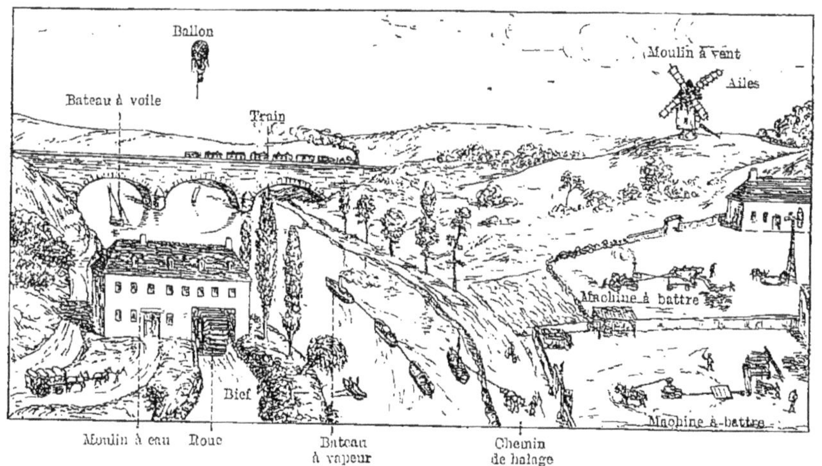

Qu'appelle-t-on forces motrices ?

Nommez les principales forces motrices en indiquant les machines qu'elles mettent en mouvement ?

B. *Vocab. de l'enf.* C. Él.

135ème Leçon.

OUTILS DU MARÉCHAL.

Le maréchal se sert de quoi ? Pour quoi ?

Enclume. — Marteau. — Tenailles. — Étau. — Ciseau. — Lime. — Tournevis. — Clef. — Boutoir.

Exemple : *Le maréchal forge le fer sur l'enclume.*

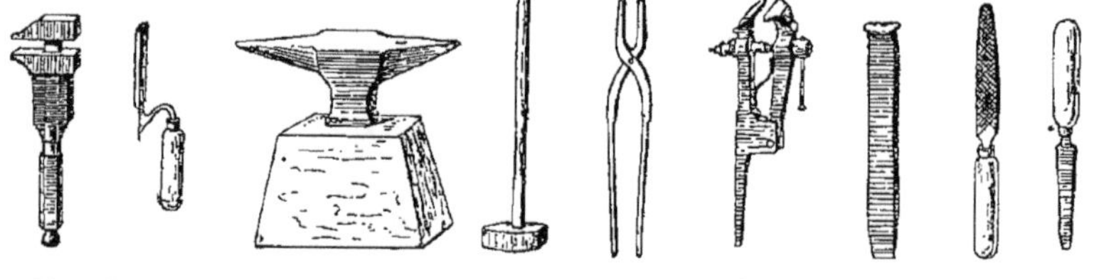

Clef. Boutoir. Enclume. Marteau. Tenailles. Étau. Ciseau. Lime. Tourne-vis.

136ème Leçon.

INSTRUMENTS DIVERS.

Formez des phrases répondant aux questions suivantes :

Qui ? Se sert de quoi ? Pour quoi ?

Alène. — Filet. — Pic. — Fourche. — Aiguillon. — Pinceau. — Boussole. — Navette.

Exemple : *Le cordonnier se sert de l'alène pour percer le cuir.*

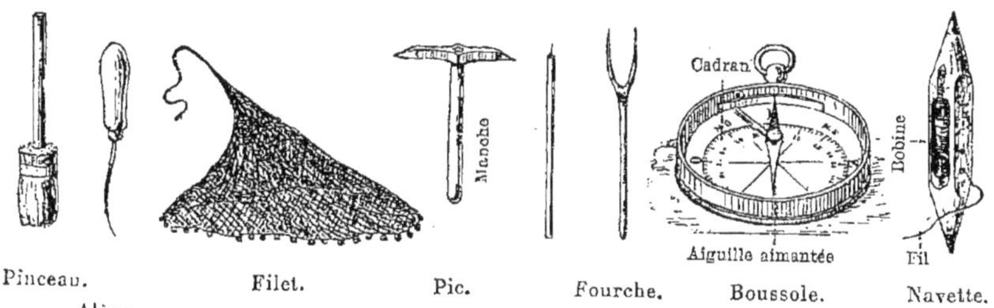

Pinceau.
Alène.
Filet.
Pic.
Fourche.
Aiguillon.
Boussole.
Navette.

137ème Leçon.

Exercice de langage et devoir écrit.

LES RACES D'HOMMES.

Blanc (Européen).
Noir (Africain).
Jaune (Asiatique).
Rouge (Américain).

Quelles sont les quatre grandes races d'hommes ?
Indiquez quelques caractères propres à chacune d'elles ?
Dans quelle partie du monde trouve-t-on chacune de ces races ?
A laquelle appartenez-vous ?

138ᵉᵐᵉ Leçon.

INSTRUMENTS DIVERS (Suite).

Formez des phrases où vous indiquerez les usages des instruments suivants :

Le Baromètre. — Le Thermomètre. — La Jumelle. — Les Lunettes. — Le Microscope. — Le Paratonnerre. — L'Horloge. — La Girouette. — La Balance.

Exemple : Le baromètre nous indique les variations du temps.

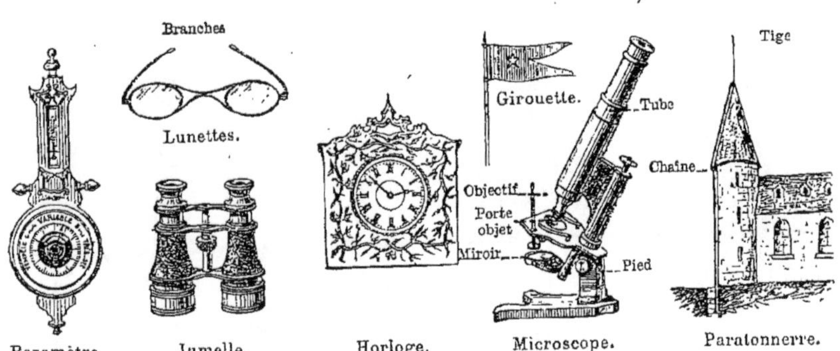

CHAPITRE XV.

139ᵉᵐᵉ Leçon.

MÉTAUX.

Dans une phrase indiquez trois choses faites avec chacun des métaux ci-dessous :

L'or. — Le fer. — Le cuivre. — Le bronze. — L'étain. — L'argent. — Le plomb.

Exemple : *Avec l'or, on peut faire des pièces de monnaie, des bracelets et des bagues.*

140ᵉᵐᵉ Leçon.

Exercice de langage et devoir écrit.

LA FENAISON.

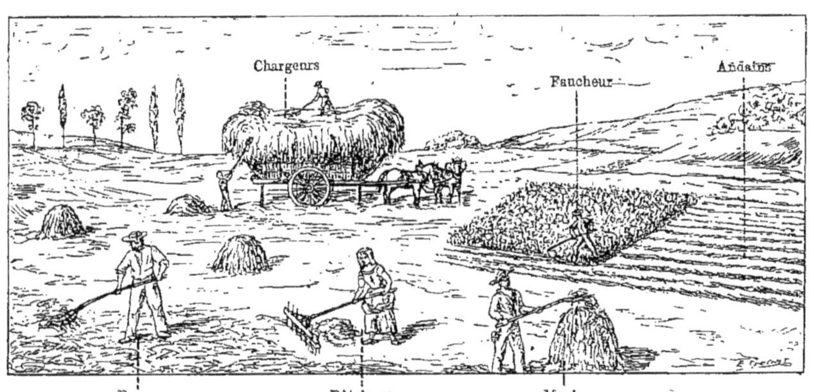

A quelle époque se fait la fenaison ? — Que font les faucheurs ? — Les faneurs ? — Les râteleurs ? — Les chargeurs ? — A quoi sert le foin ?

141ᵉᵐᵉ Leçon.

MATIÈRES DIVERSES.

Dans une phrase indiquez trois choses faites avec chacune des matières ci-dessous :

La laine. — Le chanvre. — Le coton. — La soie. — Le crin. — Le liège. — La cire. — Le suif.

Exemple : *Avec la laine, on peut faire des étoffes, des bas et des cache=nez.*

142ᵉᵐᵉ Leçon.

Exercice de langage et devoir écrit.

LA MOISSON.

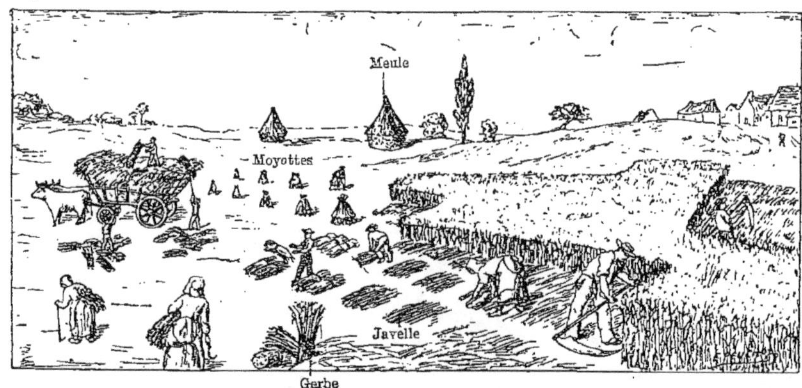

A quelle époque se fait la moisson ? — Que font les faucheurs ? — Les ramasseurs ? — Les lieurs ? — Les glaneurs ? — Que fait-on des gerbes ?

143ᵉᵐᵉ Leçon.

Même exercice que la 141ᵉ leçon.

L'osier. — Le bois. — Le papier. — L'argile. — Le plâtre. — La chaux. — Le verre.

Exemple : Avec l'osier, on peut faire des vans, des corbeilles et des paniers.

144ᵉᵐᵉ Leçon.

Exercice de langage et devoir écrit.

LE PAPIER.

Que fait le chiffonnier ? — Où porte-t-il ces chiffons ? — A quelles opérations sont-ils soumis ? — Que deviennent-ils enfin ? — Avec quoi fait-on encore le papier ?

Le Chiffonnier.

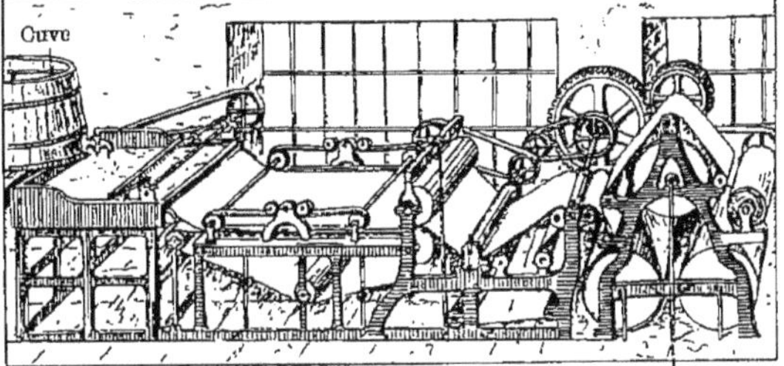

La Papeterie.

RÉCAPITULATION

145ᵉᵐᵉ Leçon.

1° Nommez dix objets en fer, en indiquant leur usage.
2° Nommez dix objets en bois, en indiquant leur usage.

Exemple : Les objets en fer que je connais sont :
La hache qui sert à couper le bois, etc.

146ᵉᵐᵉ Leçon.

TERMES GÉNÉRAUX.

Complétez les phrases ci-dessous :

Le ...., la ...., la ...., la ...., sont des *qualités*.
Le ...., la ...., la ...., la ...., sont des *défauts*.
Le ...., le ...., le ...., le ...., sont des *ouvriers*.
Le ...., le ...., la ...., l' ...., sont des *boissons*.
Le ...., le ...., le ...., le ...., sont des *aliments*.
Le ...., le ...., la ...., le ...., sont des *animaux domestiques*.
Le ...., le ...., la ...., le ...., sont des *animaux féroces*.
Le ...., l' ...., le ...., le ...., sont des *oiseaux utiles*.

147ème Leçon.

Même exercice que la leçon précédente.

La ...., le ...., le ...., le ...., sont des *habillements*.
Le ...., la ...., le ...., le ...., sont des *coiffures*.
Les........, les........, les........, les........, sont des *chaussures*.
Le ...., l' ...., le ...., le ...., sont des *armes*.
La ...., la ...., la ...., la ...., sont des *usines*.
La ...., la ...., le ...., le ...., sont des *machines*.
Le ...., le ...., l' ...., l' ...., sont des *métaux*.
Le ...., le ...., le ...., la ...., sont des *matières premières*.

148ème Leçon.

PARTIES DES OBJETS.

Complétez les phrases ci-dessous au moyen des mots convenables

On distingue :

Dans une *fleur*, ...
Chez un *oiseau*, ...
Chez un *poisson*, ...
Chez un *insecte*, ...
Dans une *ruche*, ...
Dans une *voiture*, ...
Dans une *roue*, ...
Dans une *maison*, ...
Dans une *lampe*, ...
Dans un *fusil*, ...
Dans un *revolver*, ...
Dans un *canon*, ...
Dans un *métier de tisserand*, ...
Dans une *locomotive*, ...
Dans une *faucheuse*, ...
Dans un *tarare*, ...

Dans une *charrue*, ...
Dans un *microscope*, ...
Dans un *alambic*, ...
Dans un *haut-fourneau*, ...
Dans un *arbre*, ...
Dans une *montre*, ...
Dans un *rouet*, ...
Dans une *épée*, ...
Dans un *cric*, ...
Dans une *brouette*, ...
Dans un *thermomètre*, ...
Dans une *boussole*, ...
Dans une *scie*, ...
Dans un *puits*, ...
Dans une meule de *charbon*, ...

REMARQUE. — *Cette leçon ainsi que la 150e et la 151e pourront être divisées en plusieurs parties*

149ᵉᵐᵉ Leçon.

Exercice de langage et devoir écrit.

L'IMPRIMERIE.

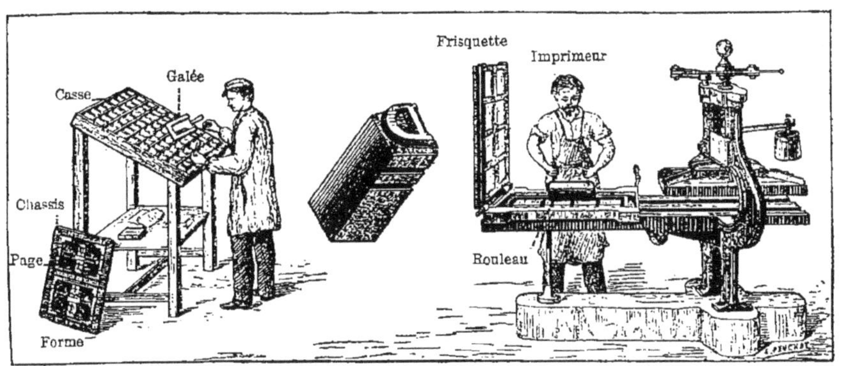

Ouvrier compositeur.   Caractère mobile.   Presse à bras.

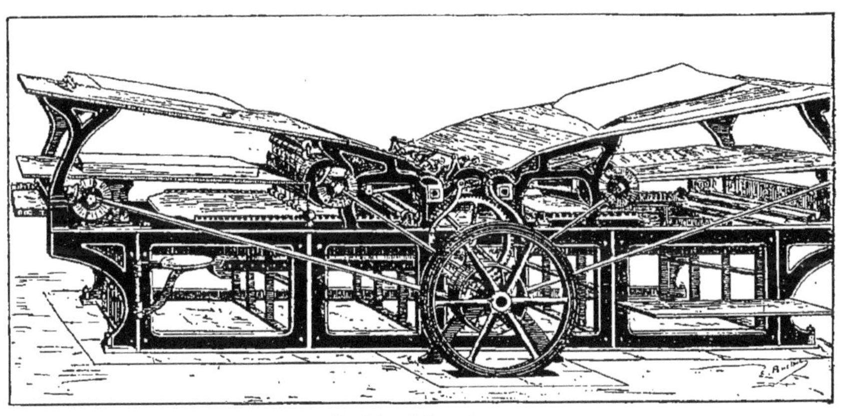

Machine à imprimer.

Par qui fut inventée l'Imprimerie ? — Comment imprime-t-on les livres ? — Que fait le compositeur ? — Montrez la rapidité d'impression obtenue de nos jours ? — Quels services a rendus l'Imprimerie ?

150ᵉᵐᵉ Leçon.

Exercice complémentaire destiné à exciter l'observation des élèves.

Chez le **boulanger**, on remarque : ~~~~. — Chez le **forgeron**, on remarque : ~~~~. — Chez le **serrurier**, on voit aussi : ~~~~. — Le **charpentier** se sert : ~~~~. — Chez le **menuisier**, on voit : ~~~~. — Le **sabotier** se sert : ~~~~. — Chez le **charron**, on voit : ~~~~. — Dans une **mine**, on peut voir : ~~~~. — Durant les **vendanges**, on voit : ~~~~. — Chez le **boucher**, on peut acheter : ~~~~. — Chez l'**épicier**, on vend : ~~~~. — Chez le **fruitier**, on achète : ~~~~. — Dans une **laiterie**, on remarque : ~~~~.

151ᵉᵐᵉ Leçon.

DÉFINITIONS.

Définir un mot c'est en expliquer le *sens véritable*.

Pour définir, il faut indiquer : 1° Le *terme général* appartenant à l'être ou à l'objet ; 2° Les *qualités* ou les *parties constituantes ;* 3° Les *usages*.

Soit par exemple à définir le mot *charrue*, on devra dire :

La charrue est un **instrument agricole**, qui est composé principalement d'une *perche*, d'un *coutre* et d'un *versoir*, et dont le cultivateur se sert pour *retourner la terre*.

D'après cet exemple, les élèves définiront les mots suivants, oralement, puis par écrit :

Ouvriers. — Menuisier. — Charpentier. — Coutelier. — Serrurier.
Liquides. — Eau. — Huile. — Encre. — Pétrole.
Arbres. — Pommier. — Cerisier. — Prunier. — Chêne.
Fleurs. — Violette. — Guimauve. — Coquelicot.
Insectes. — Abeille. — Fourmi. — Hanneton. — Ver à soie.
Machines. — Locomotive. — Cric. — Moufle. — Faucheuse.

Remarque. — *Le maître pourra continuer ces exercices en s'inspirant des leçons déjà vues par ses élèves dans le cours de ce premier volume.* (Voir la partie du maître.)

CHAPITRE XVI

CONSTRUCTION DE PHRASES D'APRÈS L'IMAGE.

Ces phrases devront être imaginées par l'élève lui-même, et répondre aux questions posées sur chaque action. L'élève aura soin de placer convenablement les divers compléments.

I.

Action : *Manger.*

Qui est-ce qui mange? — Quoi? — Avec qui? — Quand? — Comment? — Où?

Modèle du Devoir.

Le soir, à la maison paternelle, Louis attablé avec ses parents, mange la soupe de grand appétit.

II.

Action : *Voyager.*

Qui est-ce qui voyage? — Où? — Quand? — Comment? — Avec qui? — Pourquoi?

III.

Action : *Acheter.*

Qui est-ce qui achète? — Quoi?
— Où? — Quand? — Combien? —
Pour qui? — Pourquoi?

IV.

Action : *Lire.*

Qui est-ce qui lit? — Comment?
— Quoi? — Sur quoi? — Où? —
Quand? — Pourquoi?

V.

Action : *S'amuser.*

Qui est-ce qui s'amuse? — A quoi?
— Avec quoi? — Où? — Quand?
— Comment?

GROUPEMENT DE PHRASES.

VI. — VII.

Action : *Perdre.*

Qui est-ce qui a perdu? — Quoi?
— Où?— Comment? — Quand?

Action : *Chercher.*

Qui est-ce qui cherche ? — Quoi ?
— Avec quoi ? — Où ? — Quand ? —
Pourquoi ?

REMARQUE. — *Ces deux phrases seront d'abord faites séparément et ensuite réunies, pour former un récit. L'élève aura soin de les corriger de manière à éviter la répétition trop fréquente des mêmes mots.*

VIII. — IX. — X.

Action : *Labourer.*

Qui est-ce qui laboure ? — Quoi ?
— Avec quoi ? — Pourquoi ? —
Quand ?

Action : *Semer.*

Qui est-ce qui sème ? — Quoi ? —
Avec quoi ? — Où ? — Quand ? —
Pourquoi ?

Action : *Moissonner.*

Qui est-ce qui moissonne ? —
Quoi ? — Avec quoi ? — Quand ? —
Où ? — Pourquoi ?

XI. — XII. — XIII.

Action : *Couper.*

Qui est-ce qui coupe? — Quoi? —
Avec quoi? — Où? — Quand? —
Pourquoi?

Action : *Scier.*

Qui est-ce qui scie? — Quoi? —
Avec quoi? — Où? — Quand? —
Pourquoi?

Action : *Raboter.*

Qui est-ce qui rabote? — Quoi? —
Avec quoi? — Sur quoi? — Quand?
— Pourquoi?

XIV. — XV. — XVI.

Action : *Dénicher.*

Qui est-ce qui déniche? — Quoi?
— Où? — Sur quoi? — Avec qui?
— Qu'arriva-t-il?

Action : *Punir.*

Qui est-ce qui fut puni? — Par qui? — Pourquoi? — Comment?

~ ~ ~ ~ ~ ~ ~

Action : *Raccommoder.*

Qui est-ce qui raccommode? — Quoi? — Avec quoi? — Où? — Pourquoi?

XVII. — XVIII. — XIX.

Action : *Aller.*

Qui est-ce qui va? — Où? — Quand? — Avec quoi? — Pourquoi?

~ ~ ~ ~ ~ ~ ~

Action : *Rencontrer.*

Qui est-ce qui rencontre? — Qui? — Où? — Pourquoi? — Quand?

~~~~~~~
~~~~~~~

Action : Être charitable.

Qui est-ce qui fut charitable? — Quand? — Envers qui? — Pourquoi? — Comment?

Avis aux Maîtres

Les maîtres pourront toujours facilement, à leur gré, compléter les leçons de l'ouvrage, soit pour exciter l'imagination de leurs élèves, soit pour les habituer aux divers temps et modes des conjugaisons, en variant les adjectifs, les personnes, les verbes et les temps.

Nous donnons ici quelques exemples :

19e Leçon.

Dans un deuxième exercice, on pourra varier les verbes et dire :

Je cueille... Tu vois... Il sème... Nous remarquons... Vous plantez... Ils font un bouquet de..., etc.

22e Leçon et suivantes.

Dans cet exercice et les suivants, on fera choisir aux élèves une deuxième qualité s'ajoutant à la première dans la même phrase, et dire par exemple :

Je marche gaiement sur la route large et unie.

48e Leçon et suivantes.

On ajoutera une qualité à chaque être ou à chaque chose, et on variera les exercices de conjugaison. Exemples :

Si j'étais un maître zélé, j'instruirais les élèves.
Tu es... Il faut que tu.. Quand je serai..., etc.

54e Leçon.

On fera entrer deux verbes dans chaque phrase et on conjuguera. Exemple :

Le laboureur attelle ses chevaux pour labourer sa terre.

74e Leçon et suivantes.

On conjuguéra avec changement de personnes, de temps et de verbes :

Je cueille... Tu cueillais... Il cueillit.

SUJETS DE RÉDACTIONS

SE RAPPORTANT AUX DIVERS CHAPITRES DE CET OUVRAGE

Remarque. — Les devoirs écrits des exercices de langage ne contenant que des idées générales, il sera bon de donner comme applications de ces causeries quelques sujets appropriés comme les suivants, afin d'habituer les élèves à se servir des mots étudiés et à exprimer eux-mêmes leurs idées.

I. — *Le miel et la cire.* — Qu'est-ce que le miel? — Par qui nous est-il donné? — Comment sépare-t-on le miel de la cire? — Quels sont les usages du miel et de la cire?

II. — *Le moulin.* — Où est-il situé? — Pourquoi? — A quoi sert-il? — Montrez comment le vent le met en mouvement.

III. — *Le forgeron.* — Quel est l'ouvrier que nous entendons dès le matin frapper sur l'enclume? — Que fait-il à la lueur de sa forge rouge? — Que va devenir le fer entre ses mains?

IV. — *Le menuisier.* — Quel est cet ouvrier penché sur son établi? — Que fait-il et avec quoi? — Citez quelques objets qui l'entourent dans son atelier.

V. — *La chasse au tigre.* — Quelle est la chasse la plus dangereuse? — Où se pratique-t-elle? — Comment se placent les chasseurs? — Pourquoi?

VI. — *Le pétrole.* — Qu'est-ce que le pétrole? — Où le trouve-t-on? — A quoi sert-il? — Quelles précautions doit-on prendre pour l'employer?

VII. — *Le tonnelier.* — Quel est l'ouvrier qui frappe ainsi sur les tonneaux sonores? — Avec quoi frappe-t-il? — Que fait-il? — Pourquoi? — Quel bois choisit-il pour fabriquer les tonneaux? — Pour quelle raison?

VIII. — *Le ruisseau.* — D'où vient l'eau de ce ruisseau? — En quel endroit coule-t-il? — Que voit-on sur ses bords? — Où cette eau va-t-elle se déverser?

IX. — *Le verger.* — Où est situé le verger? — De quoi est-il entouré? — Que remarque-t-on dans le verger? — Énumérez les arbres fruitiers.

X. — *La houille.* — Qu'est-ce que la houille? — Où la trouve-t-on? — Quels sont les principaux usages de la houille?

XI. — *Le charbonnier.* — Que fait le charbonnier au milieu de la forêt? — Quelle est sa demeure? — Comment dispose-t-il sa meule de charbon? — A quoi servira ce charbon?

XII. — *La montre.* — En quoi est-elle? — De quoi se compose-t-elle? — Que nous indiquent ses petites flèches? — Où et comment se fabriquent les pièces d'horlogerie?

XIII. — *Les vases.* — Qu'appelle-t-on vases? — A quoi servent-ils en général? — En quoi peuvent-ils être? — Citez-en quelques-uns avec leurs usages.

XIV. — *Les meubles.* — Qu'appelle-t-on meubles? — A quoi servent-ils? — En quoi sont-ils? — Par qui sont-ils fabriqués? — Citez les principaux avec leurs usages.

XV. — *Nos aliments.* — Qu'appelle-t-on aliments? — Par qui sont-ils préparés? — Quelles qualités doivent-ils avoir? — Quand et comment doit-on manger? — A quoi s'exposent les gourmands?

XVI. — *La construction de notre maison.* — Quels sont les matériaux nécessaires à cette construction? — Où les trouvera-t-on? — Quels sont les ouvriers qui devront y travailler?

XVII. — *Nos habits.* — A quoi servent nos habits? — Quelles qualités doivent-ils posséder en été et en hiver? — Pour cela, en quoi devront-ils être faits? — Quelle précaution doit-on prendre quand on a chaud?

XVIII. — *Nos chaussures.* — A quoi servent nos chaussures? — En quoi et par qui sont-elles faites? — Quelles qualités doivent-elles réunir, selon nos divers besoins?

XIX. — *Le marbre.* — Qu'est-ce que le marbre? — D'où le tire-t-on? — Quels sont les divers usages du marbre?

XX. — *Danger des armes.* — Imaginez une histoire dans laquelle un enfant tue sa sœur en jouant imprudemment avec une arme.

XXI. — *La guerre autrefois et aujourd'hui.* — Comment faisait-on la guerre autrefois? — Comment se défendait-on? — Avec quelles armes? — Comment protège-t-on les villes aujourd'hui? — Pourquoi ne les entoure-t-on plus de hautes murailles? — Montrez les malheurs causés par la guerre.

XXII. — *Les défenses des animaux.* — Les animaux ont-ils des armes? — A quoi leur servent-elles? — Montrez comment certains animaux se servent de leurs défenses.

XXIII. — *La propreté.* — Quelle est la condition d'une bonne santé? — Quels soins réclame la propreté chez l'homme et chez les animaux? — Citez quelques ustensiles nécessaires à cet effet.

XXIV. — *Les infirmes.* — Quelles sont souvent les causes des infirmités? — Quels sont nos devoirs envers les infirmes?

XXV. — *Les usines.* — Que fait-on dans les usines? — Quel est le rôle des machines et des ouvriers?

XXVI. — *La famille.* — Qu'appelle-t-on la famille? — De qui se compose-t-elle? — Quels sont les devoirs réciproques des membres qui la composent?

XXVII. — *Le juge de paix.* — Où demeure-t-il? — Quel est son rôle? — Montrez les inconvénients des procès.

XXVIII. — *Le cultivateur.* — Quel est le rôle du cultivateur dans la société? — Que fait-il dans chaque saison de l'année et de quels instruments se sert-il à cet effet?

XXIX. — *La boussole.* — Qu'est-ce que la boussole? — De quoi se compose-t-elle? — Quels services rend-elle aux marins?

XXX. — *Le baromètre.* — Qu'est-ce que le baromètre? — De quoi se compose-t-il? — Que nous indique-t-il? — Quels services rend-il aux cultivateurs et aux savants?

XXXI. — *L'industrie.* — De quoi s'occupe-t-elle? — Qu'emploie-t-elle pour cela? — Où s'exerce-t-elle? — Indiquez certaines matières employées et les objets fabriqués par elle.

XXXII. — *Mon livre.* — A quoi me sert-il ? — Existait-il autrefois ? — Quels ouvriers ont contribué à sa fabrication ? — Qu'ont-ils fait ? — Quels soins dois-je avoir pour lui ?

XXXIII. — *Nos tables.* — A quoi nous servent-elles en classe ? — Quels ouvriers ont contribué à leur fabrication ?

XXXIV. — *Mon couteau.* — A quoi me sert-il ? — De quoi se compose-t-il ? — En quoi sont faites ses diverses parties et quels ouvriers ont dû travailler à leur fabrication ?

XXXV. — *Ma cravate.* — A quoi me sert-elle ? — En quoi est-elle ? — Quel animal en a fourni la matière ? — Quels ouvriers y ont travaillé ?

Remarque. — La Partie du Maître renferme les sommaires plus développés. Les maîtres devront habituer les élèves à établir le plan de ces rédactions.

Ils pourront également donner comme sujets de rédaction les lectures du « *Livre Unique du Cours Préparatoire* », après en avoir indiqué le plan au tableau noir (Voir *Partie du Maître*).

Les élèves reproduiront facilement ces récits **qu'ils** ont lus.

Paris. — Imprimerie DELALAIN, 18, rue Séguier.

www.ingramcontent.com/pod-product-compliance
Ingram Content Group UK Ltd.
Pitfield, Milton Keynes, MK11 3LW, UK
UKHW031838170726
13836UKWH00004B/1762